佛性偏覺與佛性圓覺：
佛教判教的對話詮釋二續

吳汝鈞等著

臺灣 學生書局 印行

序

　　這是我替國立中央大學中文研究所與哲學研究所開講的「佛教的當代判釋的對話詮釋二續」亦即是最後一講的記錄。前兩講是有關自我設準問題和印度佛學，包括原始佛教、說一切有部、經量部、中觀學、唯識學及瑜伽行中觀學派。這一講則聚焦在佛性的問題上，以中國佛學為主。這佛性的問題，大分為偏覺與圓覺。偏覺是關乎少數人的覺悟，其境界是崇高。圓覺則強調全體人或眾生的覺悟，其特點是廣大。這崇高與廣大可以說是大乘佛學所追求的宗教目標。

　　佛教特別是佛學作為一套宗教理論，佛性問題是非要探討不可的。因為佛教以求覺悟、得解脫為它的宗教理想；這理想的證成，有賴一個覺悟主體的不斷努力，對自身有清楚明晰的自覺與認同，以智慧認識終極真理，然後實踐不懈。這智慧在佛教來說是般若智。要證成空的終極真理，必須依靠這般若智的發用才行。而般若智正是由佛性發出來的。印度佛教把重點放在作為對象（泛說的對象）的空與有方面，對作為覺悟的主體的佛性，則有所忽略。雖然有一些經與論如《大般涅槃經》、《勝鬘夫人經》、《如來藏經》、《佛性論》、《寶性論》等提及佛性及相當於佛性的如來藏自性清淨心，但說得不夠深入，特別是在佛性的實踐問題上，欠缺具體性與生命存在的感受。這方面的問題，要到中國佛教的天台

宗、華嚴宗與禪宗，才被正視起來，作為一個核心觀念來處理。在充實飽滿的義理下，天台宗與華嚴宗分別發展出圓教的模型，雖然雙方對「圓」一觀念的了解，並不相同。但既然到了圓教，在義理上已無再進的空間，於是禪宗把關心點放在實踐修行上，由慧能開拓，而結五家的果實。這本小書便是專門探討佛性的問題，把它放在現代的脈絡下來處理。下面我們回轉到課程方面的問題。

參與聽講與討論的同學，包括中央大學中文研究所和哲學研究所的研究生。亦有來自其他大學的研究生，主要是玄奘大學和市立臺北師範大學。負責整理逐字稿的同學如下：瞿慎思負責緒論和第二章的華嚴學，吳嘉明負責第三章的早期禪和北宗禪，廖鈺婷負責第四章的天台學，林美惠負責第五章的南宗禪，以慧能、馬祖和臨濟為主。他們先以我的《佛教的當代判釋》一書為藍本，選取有關的部分，整理成一報告，逐一宣講，我則一一提出回應，這包括補充、修正、提問題諸方面，佔整本書的絕大部分。在逐字稿方面，我仔細審看，有關第一章的如來藏自性清淨心的部分做得欠佳，不能採用，我改以《佛教的當代判釋》一書的相應部分來代替。這對全書的內容未有構成顯著的影響。

在這裏，我想鄭重提醒，這本書只是一部講課的對話記錄而已，不是學術性格的著書，希望讀者不要有太高的期待。我寫書一向都循著兩個標的，一是學術性，一是思想性和通俗性。其中有些是兼顧這兩者的，有些則以思想性和通俗性為主，少涉及學術性，特別是文獻學方面的問題。多年前寫過《金剛經哲學的通俗詮釋》，便是屬於這後一種。這本《佛性偏覺與佛性圓覺》也是這樣的模式，一切都以拙著《佛教的當代判釋》為據。另外，我想就這本講佛性的觀念的著書的內容說一下，那就是講佛性的問題是比較

難下筆的。印度佛學與中國佛學都講般若學、中觀學和唯識學；這幾方學問都有較強的分析性，了解起來不算太艱難。佛性問題則包含很多辯證的、弔詭的觀點或理論，不易明白。你得花很多時間與精力去反省、體驗，才能摸索到一些。像天台宗所提出的「一念無明法性心」，便教你消耗很多精力來索解了。因此，這本對佛性問題的對話詮釋，比起前兩本《佛教的當代判釋的對話詮釋》和《空宗與有宗：佛教判教的對話詮釋初續》，便較難理解了。便是因為這樣，同學做逐字稿做得很辛苦，我也一改再改，改了三次，才稍微放心。

　　最後，一如以往，我要向中央大學有關方面特別是楊祖漢教授考慮到我的健康問題，不需我老遠從臺北跑到中壢校園上課，而讓聽課的同學來中央研究院中國文哲研究所上課。由於我住在中研院附近，故三學點的課講足四個小時，還勉強能夠撐得住。

　　說到楊祖漢，在這裏不能自禁地多說幾句。很多年前，有一天，我和他談到唐君毅先生有非常深厚的佛學學養。我更強調唐先生對整個中國哲學的理解，把握得很緊，既廣且深。他的六巨冊《中國哲學原論》（導論篇、原性篇、原道篇三冊、原教篇）是中國哲學研究的大寶山，但唐先生的行文冗長，系統性和概念性不夠嚴整、清晰，讓很多朋友讀得很辛苦，甚至有入寶山而空手歸之感。真是可惜。我提到應該有人把這鉅著《原論》，以明確而流暢的行文重寫，把一些重複的部分刪去。這是非常有意義和值得做的事，裨益後之來者，功德無量。楊老兄表示同意我的看法，並說他有意挑起這份重擔來做。我當下雀躍不已，表示他是挑起這份重擔的最佳人選，也表示為他隨喜之意。後來聽說他當了中央大學中文系系主任，最近他又當上文學院長。他已是儒學研究中心的主持

人，又兼顧每週的讀書會。又想到他家在臺北，到大學往返需時，便擔憂起來。本來投身大學行政是外王之事，正是傳統儒學所缺乏的，何來擔憂呢？我是擔心他那麼忙，挪不出時間來重寫《中國哲學原論》的艱巨工作啊。不過，我想楊老兄自己已有了恰當的安排，決不會讓關心中國哲學的研究的朋友失望。

　　寫到這裏，我想已經夠了。是為序。

吳汝鈞

2014 年 5 月 12 日

於京都旅次

佛性偏覺與佛性圓覺：
佛教判教的對話詮釋二續

目　次

緒論：佛性的基本問題

吳汝鈞：這次的課程主要集中在佛性的問題上，尤其在中國佛學裏，佛性是最重要的問題。佛性是一個最重要的觀念。這跟空宗與有宗不一樣，這兩個宗派，思想涉及的問題比較多，涵蓋的層面比較廣。這一次講佛性，比較純粹、專門，可它所涉及的問題也比較深奧。有些問題現在還是沒有定案，還在研究中。

　　佛性問題有兩種講法，基本上是從修行、實踐或工夫論的脈絡來看。在修行、工夫論這問題裏面，我們可再細分為兩種情況，一種是佛性偏覺，另一種是佛性圓覺。「覺」是覺悟，「偏」是不完整，偏重於某一部分，這是偏覺。因為它涉及範圍不夠周延，所以說為偏。這不是一種估值的名相，不是價值高下的區分，只是把「偏覺」與「圓覺」做一對比。偏不是周延完滿地概括所有的範圍。圓覺的覺悟型態是一種完滿的覺悟。總括來說，就印度佛學與中國佛學這兩支佛學的傳統而言，講到覺悟、佛性的問題，有兩種方式，一種是偏覺，一種是圓覺。兩者各是甚麼意思，在這裏不討論，在同學做報告的時候就會有所涉及，我們到那時會詳細處理這些問題。

　　從思路來講，覺悟屬於偏的型態，只強調某一部分來講覺悟，這是偏覺。覺悟的主體是佛性，或者是如來藏自性清淨心，或者是清淨心、菩提心，還有達摩所講的真性，這一大堆觀念都可以概括

在佛性偏覺這個範圍以內。再來提到的佛性圓覺可以說有兩個型態
或系統。一個系統是天台的，另一系統是禪的，是慧能禪的系統。
不是神秀的北宗禪，而是南宗禪，由慧能開創。這兩宗的禪學，都
有代表性的偈頌。《六祖壇經》裏面便有兩首代表南北宗的偈頌如
下：

　　神秀：身是菩提樹，心如明鏡台。時時勤拂拭，莫使惹塵埃。

　　慧能：菩提本無樹，明鏡亦非台。本來無一物，何處惹塵埃？

這是禪宗裏講的典型的思考型態。因為思考不一樣，所以採取的實
踐方法也不一樣。在我的《佛教的當代判釋》第十三章的佛性圓覺
中主要是包括天台宗的圓覺與慧能禪的圓覺。天台方面是第一節到
第四節，不要小看這四節，了解起來並不簡單。第五節到最後，提
到慧能禪，所以這裏面分成三部分來討論。第一部分是如來藏思
想、華嚴宗和北宗禪，第二部分是天台宗，第三部分是南宗禪。

　　關於佛性問題的概略，可提出一個基本問題，在這裏提出佛性
的意義，與它是在甚麼脈絡下被提出。What is the meaning of
Buddha nature and in what context was the problem of Buddha nature
raised? 我們從佛教最初開始所注意的問題講起。佛教是釋迦牟尼
創立的，它有一個流傳的傳統，有很多不同的階段。在釋迦牟尼的
年代，我們通常把它說成為原始佛教。再下來是小乘部派佛教；佛
陀去世以後，佛教就有分派的跡象。

　　首先分出的是小乘佛教，主要有兩個系統，一個系統是「說一
切有部」（Sarvāsti-vāda），sarva 是一切，asti 是存在或是有，

vāda 是學說或派別；這學派強調所有的東西都有它的存在性與實在性。「說一切有部」的看法，一般哲學在開始的階段都是這麼說的。書、背包、茶壺、手錶、眼鏡等等，所有一切都是有，有它的存在性，不是虛妄的。在哲學上就是實在論，認為一切都有實在性，這是哲學思考最原初的一種說法，也是最素樸的一種說法，最接近常識。如果沒有經過深密的反省工夫，通常都會以為你所見到、聽到或接觸到的，都有它的實在性。這是說一切有部。另外一個學派就是「經量部」（Sautrāntika），文獻比較少。這兩個派別都是小乘的系統。他們認為一切東西都有實在性，有存在性。

再進一步發展就到大乘佛教，它有幾個學派（學說）。其中主要是兩個大的派別，一個是空宗，一個是有宗。空宗主要是指般若思想與中觀學（Mādhyamika）。這兩個派別合起來，我們叫做空宗，強調空作為終極真理。另外一個學派是有宗，就是唯識學（Vijñāna-vāda）。它的重點與空宗剛好相反，它是講有，不是講空。它講的有是從緣起來講，就是事物之所以成為有的狀態，讓我們可以看到，或是讓我們應用，這就是有，它不是自己有實在性，而是緣起而有，是種種不同因素配合、聚合在一起而成為有。譬如說，我們看到樹，有樹葉，這樹是一個有，是存在的東西。可是它的有，不是因為有自己的獨立存在性，而是由不同的因素構成的。這些因素可以經過分析，以樹木作為例子來看，它的組成部分，或是讓它存在的基礎，到底是那些因素呢？這些因素有兩層，一層是主要因素，另外的是輔助的因素，就是因與緣。以樹木來講，種子是因；陽光、空氣、水分、空間、土壤與養分等等，是緣。因與緣合成的結果，樹就能夠從種子開始向上成長，發芽，長莖，開枝散葉，開花，成為很標準的植物。唯識學講的有，是從因緣而生起的

有。是從這角度來講，並不是有就是有。像上帝創生萬物不需要因緣，祂只要講「Let there be light.」，說有就是有，世界就從黑暗變成光明，佛學不講這一套。

不管是空宗或是有宗，都是把注意焦點聚在外面對象這方面。空宗所講的空是種種的存在沒有獨立不變的自性，或是獨立自在性，就是空。有宗是把焦點從事物的空的本質轉移到現象性，亦即是事物的外表、形狀、作用種種。不管說事物是空也好，事物是緣起而有也好，基本上這兩種考量的方式都是從外部對象來講。覺悟也是偏重於外面的東西。如果你能瞭解事物成立的因素，你就知道事物有種種不同的條件，由因緣而生（pratītyasamutpāda），因此它們就沒有獨立自在性，或者是自性，就是空（śūnya, śūnyatā）。空宗著眼於事物的本質，有宗著重事物有的狀態或是事物的現象性格。空有本是相通的。有人把佛教分成空、有兩宗，好像把這兩宗看成相對反的學問，不能融合，其實這不對，佛教不是這意思。空跟有可以融合，在印度佛教裏就有這種講法。

不管空宗或是有宗，注意的焦點與關心的面向，都是在對象方面。對象通常指客體或是客體性。空宗與有宗注意的焦點都在對象那方面。如果你能夠對外在事物有深奧的、本質的瞭解，你就知道這些東西是沒有自性的，是種種不同因緣聚合而成。你如果瞭解它們的空性、緣起性，就不會對它們產生種種執著。執著是主觀的妄情、妄見。如果你在見解上不產生種種執著，心靈在一種清明的狀態，不是無知的狀態，沒有顛倒見，就沒有煩惱，就不會有顛倒的行為。超越這些顛倒的行為，你就瞭解並進一步實踐空，實踐了終極真理，在這脈絡下來講你就覺悟了。沒有顛倒行為，虛懷若谷，有智慧的睿見、洞見，就是空。當你知道事物是依託因、緣而有，

就不會對事物產生種種的顛倒見解，也就不會有顛倒的行為。如果人在行為上做得很正確，沒有顛倒的因素，那你就沒有煩惱，煩惱是由顛倒行為與顛倒見解而來。沒有煩惱之後，你就覺悟了，並且得到解脫。說這道理很簡單也可以，概括性很大也可以。整個宇宙都是這樣，連我們的生命存在也是這樣。

　　對佛性的瞭解，在大乘佛教裏，不是只有一種瞭解，而是有好幾種瞭解。天台宗的說法，在書裏說為中道佛性。天台對佛性有一種充滿洞見的瞭解。在天台宗產生以前，特別在印度那方面，也有不同學派對佛性有不同瞭解。譬如說，如來藏系統，他們就是把佛性就如來藏自性清淨心來講，這問題是蠻複雜的。佛性這觀念不限於某一宗派，是很多大乘佛教的宗派都講到的重要觀念。其中華嚴宗、禪宗、天台宗都講，哪一方面講得比較完滿呢？把佛性的充實飽滿的內涵講出來，不光是講，還有實踐的工夫，有人提出天台宗在這方面做得最好。牟宗三先生就是這樣看，《佛性與般若》這本書就是講這問題。佛性是一個共通的概念，很多學派都講，但是講法不一樣。像禪宗裏面，北宗與南宗就有不同的講法，也不是對立。南宗慧能講佛性，就是頓悟；神秀講漸悟，這是實踐覺悟、佛性的取徑不一樣。你也不能說佛性有兩種，佛性只有一種，可是對佛性的瞭解不同，就可以有多種講法。如果相異的地方太大，我們才會說分派。在禪來講，北宗禪與南宗禪很明顯是不同的兩派。不同的地方主要是在實踐、工夫論這方面，一邊講漸教，一邊講頓教。

　　在思想史方面，釋迦牟尼沒有講過一切眾生皆有佛性。但是我們可以從《阿含經》裏看到那些說法的思想，是可以包容一切眾生皆有佛性的主張，雖然佛陀那時候沒有提這句話。那時候佛性作為

修行上關鍵性的觀念還沒有出現，要到大乘佛教出現，這佛性的重要性才明顯，才受到大家注意。我們看宗教思想，不能只看某個階段是如何，它是有一個發展歷程，這發展歷程可以穿越很多世代。譬如說，孔夫子提出儒家思想，一直到現在還是有很多人在講儒家思想。先秦有孔孟的儒家思想，宋明有宋明的儒家思想，到了當代又有當代新儒家的思想。如果我們說到儒家思想，就必須說明是哪一個時代的儒家思想。雖然我們用儒家來概括它們，可是這不表示它們完全一樣。我們可以說，在大方向發展人文精神，強調道德理性、道德自覺，說人的心靈可以是無限的，儒家是可以融合在一起的。可是在某一些特別的問題，不同階段的儒家思想有不同的講法。甚至在同一個階段裏都有不同的講法。舉一個最明顯的例子，你們在中學時期念的先秦儒家，孔子以後分成孟子派別與荀子派別，這兩個講的學說差得很遠。孟子那套儒家思想可以說是一種理想主義，講道德理性，荀子的儒家不是理想主義，他主張的是經驗主義。理想主義跟經驗主義在哲學上不是在同一層次，差別很大。這就是問題的關鍵，我們談這學問要考慮是從哪一個脈絡或典型來講。你在不同脈絡就有不同的講法。你參考不同的文獻也有不同的講法。孟子與荀子對性的了解就很不一樣。性善與性惡哪個是對的？問題在於他們講的性，層次不一樣。這就是脈絡不一樣。孟子的性是講人與禽獸分別的地方，「人之所以異於禽獸者幾希」。荀子講的性，不是道德理性，也不是禽獸的性，而是一種自然主義的表現。譬如說，人餓了會找東西吃，冷了就多穿衣服，疲累就去睡覺。這些都是人做為一種動物本來就有的情況，其他動物也有這種情況。在這裏很難講人性、道德理性，或是孟子講的四端（惻隱之心、羞惡之心、是非之心、辭讓之心）。荀子所講的性，是自然的

一種性。所謂自然就是人在自然界作為一種生物、動物，他有一些本來就是這樣的一些習慣或是一種傾向。這無所謂善或惡，要生存就一定要這樣做，這裏面沒有善惡之分。可是如果你存有一種不軌或是自私的心態，做出一些損人利己的事情，把自己的快樂建築在別人的痛苦上，這種性就是惡的。因為這是不守本分，會產生爭鬥，社會就會產生動亂。荀子講性，講到這程度，才是惡。如果大家不守本分地做人，爭鬥就會出現，就有死傷，這樣就不好，社會就亂了。荀子是從社會爭鬥的角度，來講性惡。他不是一開始就講性惡。他一開始是從人的自然傾向這脈絡來講性，這是求生的一種本能。一般人以為荀子講的性是動物性，孟子講的是人性，不是那麼簡單。荀子也不會蠢到認為人就是性惡，整本《荀子》找不到這種看法。他只是說人不守本分，侵犯別人的利益以擴張自己的地盤，他人認為不公平，對於這種不守本分的事情而產生抵抗，繼而產生社會動亂。這不是政治問題，是一般生活的問題。性惡是在這裏講的。

　　不管是空宗講諸法空，或是有宗講緣起而有，這兩種講法有共通的方向，或說焦點聚合在某一定點，這定點是客體這方面的對象。諸法沒有自性是空；諸法是因緣而合，不是一無所有，這是有，這沒有爭執或矛盾。可是，我們可以進一步來看，不但沒有矛盾，而都是屬於客體方面，不是屬於自我方面。可是一個人進行一種宗教修行，或者是進行道德上的教化，宗教上的轉化，那是自我主體的事情。我們要成覺悟而得解脫，要實踐宗教的理想，著力的重點應該在我們自我內部，外部沒那麼重要。重點應該放在自己身上。所以空宗與有宗所講的那套說法，空與有，在字面上相反，可是從整體、人的存在生活那種大環境來講，空或有，都是偏向客體

方面的面向，可是道德上的教化與宗教上的轉化關連著人的心靈狀態，或是精神狀態不斷提升，而不是下沉。提升是主體在提升，是自我提升，不是事物的提升。所以我們可以在這裏講，不管是道德也好，宗教也好，這些實踐都是以主體性為核心，不是以客體性為核心。

這裏面可以提出一個關鍵想法，去體證作為真理的空或是作為真理的有，那個行動的主體，就是自我、主體性。不管講空或有，你都不能離開主體性的自我提升，自我轉化。一定要有這種提升、轉化，覺悟才可能。覺悟不是一種外在的經驗，是一種生命存在的自我體驗。這問題一定要扣得很緊來處理，不能忽略。所以這是空宗與有宗講得不完整的地方，沒有把著力點放在主體性這方面，都是向外面看，向客體方面看。可是客體那方面，沒有所謂覺悟或解脫可言。覺悟或是解脫的人是我們的主體。所以，解脫、覺悟的主體性出來了，就是佛性，就是成佛的可能性。潛能、成佛可能的基礎或是康德哲學講的超越的根據（transcendental ground）。這問題康德也碰到，他講超越的根據，從知識方面講，從道德方面也講。知識方面講理論理性與範疇，道德方面講實踐理性。佛性是一種成佛的潛能。我們要把這種潛能展現出來，成為一種現實，涉及佛性的實現（realization of Buddha Nature）的大問題。

佛性的觀念讓大乘佛教關注的焦點，從客體性轉到主體性。佛性就是成佛的根據，在這種脈絡下提出來的。它的重要性很明顯，不論是儒家、佛教、道家都是要成就人格理想。儒家的人格理想講聖人、君子；佛家講佛、菩薩；道家講至人、聖人、真人。所有的人格理想，都是一種主體性的開顯。相應佛教講的佛性，儒家講惻隱之心、不忍人之心，道家講道心。這三個大的宗派的講法，在大

方向上都是一樣，可是具體怎麼做？實踐怎麼進行？則各有各的講法。佛性是甚麼意思，佛性是在甚麼脈絡下提出的？如何證成佛性？這樣才能清楚交代佛教的覺悟、解脫的宗教目標。以下我們會分別在佛性偏覺與佛性圓覺環繞著有關的、有代表性的經與論來說明佛性的問題，由印度佛教講到中國佛教，而且以後者為主。

第一章　佛性偏覺

　　到此為止，我們一直都在探討印度佛學，包括佛陀教法、原始佛教、說一切有部、經量部、般若思想、中觀學、唯識學、挾相立量、瑜伽行中觀學。下面論佛性偏覺，則除了處理印度佛學的如來藏思想外，還涉及佛性問題，由這佛性問題會轉到中國佛學方面來。中國佛學的佛性思想，自然是以天台學、華嚴學與禪學為主。其中一部分將收在佛性偏覺中說。佛性偏覺指強調佛性或如來藏自性清淨心的思想。這種思想透過超越的分解（transzendentale Analyse）的方式，建立佛性（buddhatā, buddhatva）或如來藏心（tathāgatagarbha-citta），作為成佛得覺悟的超越依據。[1]人人都具足這佛性或如來藏心；即是，這佛性或如來藏心是一普遍物（universal，「物」取寬泛義）。但由於大多數的人被後天的、經驗的客塵所掩蓋，不能表現它的明覺而已。[2]修行者只要覺識、省察到這種超越的、清淨的心能或主體，保住它的明覺，不讓它迷失，另方面把生命上的雜染、不淨的客塵掃除開來，像菩提達摩在

1　這如來藏心的全名是「如來藏自性清淨心」（tathāgatagarbha-prakṛti-pariśuddha-citta）。

2　這明覺或明覺主體相應於我所提出的宗教現象學意義的自我設準中的本質明覺我。

其《二入四行》中所說的捨妄歸真，便能使這佛性或如來藏心重顯它的明覺，最後開悟而成佛。這佛性偏覺有很廣的概括性，包括如來藏思想、華嚴宗思想、早期禪、北宗禪、神會禪。以下我們分述這些思想與禪法，看它們如何闡述與發揮如來藏與佛性觀念。不過，我在這裏先要交代所謂超越的分解的哲學、形而上學的意涵。

一、超越的分解

在形而上學方面，有所謂「超越」（Transzendenz）和「內在」（Immanenz）兩個意思相對反的範疇。所謂內在通常指現象性格、經驗性格、個體性格和存在於時空中或時空性格的東西，我們在日常生活中所碰到的東西，都是內在性格的。超越則是對內在的超越，越過現象的、經驗的、個體的和時空的質體而有其存在性。超越的東西不是內在的東西，這沒有問題，起碼在我們一般的理解層面是如此，或者說，邏輯地是如此。但我們並不是存在於只有邏輯的世界中，很多時我們會越過邏輯的層面或範圍，去探索一些超邏輯的弔詭的生命現象，去鑽研那些較邏輯的真理更為深入的，或更具本質性的真理（Wahrheit），這便是辯證的真理（dialektische Wahrheit）。這種真理不是分解的、分析的性格，而是綜合的性格；所綜合的正是在分解的兩端的相互矛盾的質體或體性。

超越的分解是很順適的，我們的理性（Vernunft）通常便是走這條思路，沿著這條道路或導向向前發展。不管是經驗主義抑是理性主義，都屬這種沒有矛盾的思維方式。自康德（I. Kant）的《純粹理性批判》（Kritik der reinen Vernunft）出現，提出先驗綜合判

斷的可能性，超越的綜合的思維形態才成為問題。康德在這個問題上，基本上是就範疇（Kategorie）來說。到了黑格爾（G.W.F. Hegel）則明顯地提出辯證法，以「反」來說辯證，認為反或矛盾是深化真理的一個必須經過的歷程，這便類似般若思想中的「即非」思考：要確認一個質體的真實狀態，需要否定它的自性（svabhāva），排除它的實體主義（自性是一種實體）的可能性，以取得對質體的終極真理的認知。如對於般若波羅蜜多或世界，需要否定它們的自性，再加以肯定，才能確認它們是無自性亦即是勝義諦的般若波羅蜜多或世界。這即非可被視為相應於反的思維方式，最後確認終極真理，便是綜合，便是辯證法的合。

在黑格爾的辯證法中，正和反都是分解性格，但正和反合起來，而成一綜合，便有辯證的意味了。康德在判斷方面說分解，又說綜合，最後變成既是分解又是綜合的先驗綜合判斷，也有辯證的意味。分解是形式的、邏輯性的，是先驗的（a priori），是理性的；綜合則是反邏輯、超理性的結合，是矛盾的雙方的直接合在一起。我們說綜合，通常是在經驗的層次中說，因而有經驗的綜合的思考，這沒有問題。例如說「這雙皮鞋是黑色的」，皮鞋是經驗的東西，黑則是感覺的、經驗性格的，雙方所成的「這雙皮鞋是黑色的」是一經驗的命題。但康德卻把先驗的性格和綜合的東西合起來，而成一先驗綜合命題，如因果命題，便成先驗綜合判斷，這便有問題，起碼是邏輯上的矛盾問題。康德要建立另外一種命題，是既是先驗又是綜合的先驗綜合命題，用來說範疇，說一切知識（先驗知識與綜合知識）的可能性、基礎。於是爭論便開始了。

我基本上接受康德的說法，認為終極真理應該是既先驗又是綜合的；我也認受黑格爾的辯證法，認為我們需要透過辯證歷程，才

能達致更高的真理境界，但我認為光是辯證法還是不夠，正、反、合之後，還需有超越，才是圓滿。佛教中觀學的龍樹（Nāgārjuna）的四句法（catuṣkoṭi）曾把到真理（終極真理）的歷程分成四個步驟：肯定、否定、綜合、超越。其中的肯定、否定、綜合相應於辯證法的正、反、合，合或綜合之後，還需有超越這一步，真理的大門才真正敞開。[3]不過，我在這裏並不想細論辯證法或四句的問題，我只是要透過以上的闡述，來探究在形而上學的脈絡下的超越的分解的問題。在哲學上，特別是在形而上學方面，我們通常會把存在（廣義的存在）分為超越的存在與經驗的存在，這兩者與我在上面說的「超越」與「內在」兩個概念相應。佛教也有世間與出世間的區別，大略而言，世間是經驗的，出世間則是超越的；它還說世出世間，表示世間與出世間的綜合，是內在與超越的合一。哲學與宗教需要到這個階段、境界，才算完美。

　　回到佛學方面，所謂超越的分解，是在形而上學特別是存有論方面確認一個終極的原理，它與存在世界有某種程度上的關連，但畢竟是超越性格，與經驗性的、內在性的事物在存在上與價值上有間隙。便是由於這種價值上的間隙，終極的原理不能直線地、垂直地與這些經驗的、內在的事物分享它自身的價值，因此需在實踐上作工夫，讓這阻隔雙方關係的間隙消除，俾超越者與經驗性能夠連繫起來，甚至結合在一起。這在西方的哲學與宗教來說，是結合本體與現象，道成肉身；在東方方面則是天人合一，或與天地精神相往來。即是說，作為價值之源的終極真理、原理，不管它是主體性

---

[3]　關於四句否定，參閱拙文〈印度中觀學的四句邏輯〉，拙著《印度佛學研究》（臺北：臺灣學生書局，1995），頁 141-175。

抑是客體性，在價值上與現實的經驗存在有一種本原的、原始的隔離。不過，這種在價值上的本原的隔離並不是必然的、無法突破的。我們可以通過工夫實踐或某種神秘經驗（mystische Erfahrung）與終極原理相遇合、相契接，俾能提升我們的生命價值與境界。這樣的超越性格的原理與經驗性格的存在、質體在存在特別是在價值上的區別、分離狀態，便是所謂超越的分解。在佛教，與經驗世界或世間法有超越的分解關係的，有如來藏思想的如來藏自性清淨心，《大乘起信論》的眾生心或心真如、華嚴宗的法界性起心、達摩與早期禪的真性真心、神會禪的靈知真性與北宗禪的菩提明鏡心。特別是神秀的北宗禪以菩提樹和明鏡臺說超越的心，以塵埃說世間法，要前者遠離後者，其中的超越的分解的意味，至為明顯。

在超越的分解這個總脈絡下，作為終極原理的覺悟成佛的基礎的如來藏心、真性真心、佛性要能有所作為，悟入真理而得解脫，勢必要和世間法保持一段距離；即使最後覺悟而成佛，也是和九界眾生劃清界線而成佛，甚至捨九界眾生而成佛，如天台宗人批評華嚴宗人「緣理斷九」，斷除九界眾生而獨自緣入、體證真理。這樣的覺悟，便成偏覺：偏離九界眾生而成佛，而不是與九界眾生成為一體而覺悟成佛的圓覺。即使確認一切眾生都具有這如來藏心、真性真心、佛性，情形還是這樣。

二、關於佛性偏覺

對於上面所述具有超越的分解這種導向的佛教思想所提出的覺悟成佛的方式，我以「佛性偏覺」來概括，來突顯它的性格（characterize），其理據是以下兩點。一是佛性是佛教中挺重要的

觀念，其重要性不低於空、中道、涅槃等；在中國佛教來說，佛性可說是最具關鍵性的觀念。天台宗智顗大師的判教，便是以有關的思想有無佛性觀為主要線索來進行。在他所判的四教（藏教、通教、別教、圓教）中，藏教與通教是不說佛性的，別教與圓教則盛談及發揮佛性的義理。他認為，佛性是我們覺悟成佛的超越潛能，必須開顯它，覺悟成佛的理想才能說。任何佛教派系的思想，在義理上與實踐上，必須涉及佛性的問題，才能周延。如上面提過，他曾強調，佛教的全部思想，最大的區別在於有說佛性與沒有說佛性：「大小通有十二部，但有佛性無佛性之異耳」。[4] 二是智顗以發揚佛性、如來藏（佛性即是如來藏，如來藏是成就如來（tathāgata）人格的寶藏）思想的教法為別教，其「別」有多個意思，而偏覺的意味亦在這些意思中顯現出來：

i). 隔絕九界眾生而成佛。佛教以眾生所生存的、存在的界域有十個層面（十界）：佛、菩薩、緣覺、聲聞、天、人、阿修羅、畜牲、餓鬼、地獄。智顗以為，在經方面以《華嚴經》為代表的思想盡情喧染佛陀成道後所投射而成的世界亦即法界（dharmadhātu）的崇高璀璨，只有佛能理解、領會，其他九界眾生則茫然無所知。這是佛「別」於九界眾生之意。依於此，偏覺的意義便突顯出來。華嚴法界崇高，難以湊泊，只有佛能體證，九界眾生無緣接觸、理解。因此，在對於華嚴法界的體證而得覺悟上來說，只有華嚴中人能做到，九界眾生不能做到，這便是偏覺，覺悟是偏於華嚴方面也。

ii). 天台智顗以發揚佛性、如來藏思想的教法為別教。這「別」

4　智顗著《法華玄義》卷 10，《大正藏》33・803 下。

有隔別、歷別之意。即是，不是圓頓地、一刹那地體證存在世界的事物的空的本性，而得覺悟成佛。卻是要經歷階段；這是從時間說；同時在同一時間也只能對部分的、偏頗的存在的本性有所體證，不能一下子、當下便能體證一切存在、一切法的本性，這是從空間說。因此，以佛性、如來藏為本而得的覺悟，不是圓滿的覺悟、圓覺，而是偏頗的覺悟、偏覺。[5]

有一點我很想指出：印度佛教在論及佛性或如來藏的問題時有很強的分解意味。即是，它把佛性、如來藏與一切法、一切東西劃分得很清楚：前者是超越的、清淨的，與染汙的世間法有一定程度的隔離。後者則是經驗的、不淨的，對人的覺悟、得解脫而成佛，有一定程度的障礙。而中國佛教的佛性、如來藏思想則未有把超越的佛性、如來藏和經驗世界區分得那麼清楚，雙方的界線比較模糊。[6]關於這點，我謹在這裏舉一些文獻來例示一下。限於篇幅，在印度佛學方面我只選取《勝鬘經》、《寶性論》與《佛性論》三部經論來說。至於一直為學界所重視的《大乘起信論》，由於討論

---

5 要注意這裏所說對於部分的、偏頗或偏歸一邊的覺悟，並不是指一切存在、一切法的本性、空的真理可以切割成部分，而偏覺是指對真理的一部分覺悟，不是完全覺悟。這是由於真理是一個整一體，不能被分割成部分，因而逐一部分去覺悟。此中的意思毋寧是，偏覺不能就存在世界的整一體去覺悟真理，而只能從世界被切割成部分而漸次地、一部分一部分地去覺悟。這種覺悟是偏覺，不是下面要論述的圓覺。這種偏覺顯然有分裂世界、法界之嫌。

6 例如天台宗智顗在其《法華玄義》中把煩惱與菩提、生死與涅槃等同起來，在印度佛學中便非常少見，只有少數文獻如《維摩經》（*Vimalakīrtinirdeśa-sūtra*）是例外，它強調淫怒癡即是解脫。

已多，在這裏也就不提了。在超越的、清淨的佛性與經驗的、不淨的東西被分隔開來的義理脈絡下，所謂覺悟便只能就對於佛性的明覺說，覺悟不能同時兼及於佛性之外的種種世間事物。人只集中於對自身所本具的佛性覺悟，不能對於其他東西的本性（空、緣起的本性）覺悟，這便有所偏，偏於佛性也。[7]這便是佛性偏覺。這種意義下的佛性，作為覺悟者與被覺悟者（兩者其實是在內容上同一的東西），便很像我所提的現象學中而有宗教義的自我設準中的本質明覺我。

　　《勝鬘經》的關聯到佛性或如來藏問題的最重要觀點，是提出兩種如來藏：空如來藏與不空如來藏。空如來藏（tathāgatagarbha-śūnyatā）表示如來藏的本性是空，而不是一形而上的實體（Substance）。不空如來藏（tathāgatagarbha-aśūnyatā）並不表示與空如來藏相矛盾，而是強調如來藏具有種種功德（guṇa）以教化、轉化眾生。這「功德」觀念在該經典中非常重要，被高調地作為方便法門提出來。其中有如下的說法：

　　　　為攝受正法，捨三種分。何等為三？謂：身、命、財。

這是說，為了受納得正確的教法，我們要犧牲（捨）三種一般人認為是寶貴的東西：身、命、財。捨身方面是：

7　　對於佛性覺悟，是覺悟到它是一超越性格的能動的主體，對於其他東西的本性覺悟，是覺悟到它們的法性（dharmatā, dharmatva）、空性（śūnyatā）、緣起（pratītyasamutpāda）的本質。

> 生死後際等，離老病死，得不壞常住、無有變易、不可思議
> 功德如來法身。

捨身即是要超越、克服我們的物理軀體上的老病死諸種現象，這些東西都是有為法、有生有滅。我們不要癡戀自己的物理軀體，要達致具有常住性、不變性和殊勝功德的精神的法身（dharma-kāya）。捨命方面是：

> 生死後際等，畢竟離死，得無邊、常住、不可思議功德，通
> 達一切甚深佛法。

捨命像捨身那樣，要突破物理軀體的限制，了悟佛教的真理，貫穿到它的根深蒂固之處。捨財方面是：

> 生死後際等，得不共一切眾生，無盡無減，畢竟常住、不可
> 思議，具足功德，得一切眾生殊勝供養。8

捨財也是一樣，不貪著錢財，要努力修行，獲致不與一切眾生相共有的殊勝之點，最後必能得眾生的供養，維持生活所需。錢財再多也沒有用。最後一段文字特別提到，在物理軀體或色身之外，所謂「生死後際」，得到與一切眾生不共同分享的功德。這是哪一種功德呢？經中沒有明說，但既然不共於眾生，這功德必定有特殊的性格、功能，對覺悟成佛的理想有密切的關連。這裏頗有「偏」的意

8　以上三段《勝鬘經》的引文，見《大正藏》12·218 下-219 上。

味，在覺悟成佛方面有所偏，偏於修行人自己一邊，這便是偏覺。

　　至於其他兩論，《寶性論》強調一切眾生都具足如來藏、佛性，它是本來清淨；要得覺悟，只需恢復它的本性便可。這部文獻也提及《勝鬘經》所闡發的如來藏的空性與不空性，並明顯地以功德來解讀不空。對於功德問題，在佛教論典之中，這部文獻提得最頻，也最著力於功德的宗教功能。這點可以說是《寶性論》的一種特色。《佛性論》則強調佛性本來清淨，不為不淨法所汙染；又明確地說不空如來藏中的「不空」是具足功德義，並說法身（dharma-kāya）與應身（nirmāṇa-kāya）各有四種功德。又此論傳為世親（Vasubandhu）所作，不管作者問題是否如此，此論實質上展示了某種程度的唯識學（Vijñāna-vāda）的內容，如論三性，說唯識智，在心識方面區分心（六識心）、意（阿陀那識）、識（阿梨耶識）。由於此論說及心、意、識的區分，若視之為唯識學文獻，則應是在較後期成立者。

　　以上所述，是印度佛學中強調佛性或如來藏心的佛性偏覺的義理形態。這種義理形態傳到中國，受到高度的重視，特別是在禪學的發展方面。禪學由菩提達摩（Bodhidharma）開始到五祖弘忍，及弘忍以後由神秀所開拓出來的北宗禪，都屬於這種義理形態的佛教教法。它的特徵在於先透過一種超越的分解的方式以建立一清淨的真心真性，作為我們的成佛的超越基礎（transzendentaler Grund）。由於種種後天的、經驗的、無明的因素所障礙，致我們不能覺悟和顯現這種清淨的真心真性，而沈淪於塵俗的凡夫層面。我們要做的，主要是如何追蹤到、察識（逆向的察識）到這種先驗的（a priori）真心真性，而當下予以把捉，把它擴充開來，實現出來，最後便能覺悟而成佛。上面只省略地闡述了印度方面的佛性或

如來藏思想，至於後來的達摩禪與北宗禪的有關說法，則留待後面
專節中探討。在這裏我想就佛性偏覺的義理形態作關聯著判教的一
點提示：華嚴宗法藏的判教中的大乘終教，便屬這種佛性偏覺的思
想模式；就緣起的觀點來說，真如緣起是這種模式；法藏自己所提
的法界緣起，則不屬這種思維形態，而接近下來要探討的佛性圓覺
的形態。[9]至於以達摩為代表的早期禪和以神秀為代表的北宗禪，
如上面所說，與佛性偏覺在思維導向上有密切的關連，但法藏未加
留意。以下我要分節探討佛性偏覺這一導向所能概括的各派思想。

三、如來藏系的自性清淨心

　　首先我們看如來藏系統所說的自性清淨心（prakṛti-pariśuddha-
citta）的清淨覺悟成佛的思想。這個思想體系概括多部經典與論
典。經典方面有最受注意的《勝鬘夫人經》（《勝鬘師子吼一乘大
方廣方便經》 Śrīmālādevīsiṃhanāda-sūtra, "Lha-mo dpal-phreṅ-gi
seṅ-geḥi sgra" shes-bya-ba theg-pa chen-poḥi mdo）、《如來藏經》
（Tathāgatagarbha-sūtra, Rgya gar skad du / Ārya-tathāgatagarbha-
nāma-mahāyāna-sūtra / Bod skad du / Ḥphags pa de bshin gśegs paḥi
sñiṅ po shes bya ba theg pa chen poḥi mdo）、《大般涅槃經》
（Mahāparinirvāṇa-sūtra, Yons-su mya-ṅan-las-ḥdas-pa chen-poḥi
mdo）、《無上依經》（Anuttarāśraya-sūtra）、《央掘摩羅經》、《楞
伽經》（Laṅkāvatāra-sūtra）。論典方面則有《大乘莊嚴經論》

9　實際上，華嚴宗的圓教在某種內容來說，也可與佛性圓覺相通。關於
　　這點，下面會有交代。

（*Mahāyānasūtrālaṃkāra*）、《佛性論》（*Buddhatā-sūtra*）、《究竟一乘寶性論》（*Ratnagotravibhāga-mahāyānottaratantra-śāstra, Theg-pa chen-po rgyu bla-maḥi bstan-bcos (rnam-par bśad-pa)*）、《大乘起信論》。另外，有些學者也把《華嚴經》（*Buddhāvataṃsaka-nāma-mahāvaipulya-sūtra, Saṅs-rgyas phal-po-che shes-bya-ba śin-tu rgyas-pa chen-poḥi mdo*）、《大寶積經》（*Mahāratnakūṭa-sūtra, Dkon-mchog brtsegs-pa chen-poḥi chos-kyi rnam-graṅs leḥu stoṅ-phrag-brgya-pa*）、《不增不減經》（*Anūnatvāpūrṇatvanirdeśa-parivarta*）、《大乘法界無差別論》（*Dharmadhātvaviśeṣa-śāstra*）等列入如來藏系統中。

如來藏既是自性清淨心，則當我們說起自性清淨心，便是指這如來藏而言；即使其他東西有清淨性與心靈義，也不會混淆過來。從文獻學（philology）特別是字源方面來看，我們可以把 tathāgatagarbha 拆分為 tathā-āgata-garbha。tathā 是如是這樣，真理如是的意思，亦即是真如。āgata 即是來到之意。gata 是梵文動詞語根 gam 的過去分詞，是去之意，在這分詞前加 ā，是與 gata 相反的來或 come 之意，來的梵文動詞語根正是 ā-gam。至於 garbha 則指胎，這胎可以生長出豐富的東西來。所有這些部分連在一起，其意是：人證得菩提智（bodhi）、領悟到空（śūnyatā）的真理，可以說是從真理而來，以真理作為他的本質。而胎這個藏（寶藏），是可以產生如來的。於是，如來藏是指成就如來的人格的寶藏。也可以說，如來藏是成就如來人格的潛能。因而在大乘佛教文獻中有「佛性隱是如來藏，顯是法身」的說法。「法身」（dharma-kāya）指由佛性顯現自己而成的精神性的主體。法身的潛隱狀態，即是如來藏。這樣說如來藏，好像以它具有體性的意

味,好像可以通到形而上的實體方面去,其實不然。如來藏有很強的精神的意義,但畢竟不是精神實體,不是實體主義的路向,而是非實體主義的路向。

以下我要集中探討如來藏思想的成立的意義,這有三點可說。第一,如來藏是覺悟成佛的寶藏,是成佛的潛能。在這個意義下,確定如來藏是成佛的潛能,可以替眾生的成佛理想確立一種形而上的超越依據。如來藏不是經驗界的東西,經驗界的東西有相對性、時間性和空間性;它作為一種覺悟成佛的潛能,內在於眾生之中,這自然不表示眾生已經得到覺悟,證得佛果。這內在性只表示眾生有成佛的可能、機會,他還是要不斷修行,累積功德(guṇa),這不必只是一生的事,卻是要累世修行,甚至歷劫(kalpa)修行,才能讓如來藏發出火花,燃燒起來,最後放大光明,證得佛果。第二,如來藏是一種潛在的主體性,是佛性、真心、清淨心。所謂主體性(Subjektivität),是從超越性格方面說。通常我們說主體性,是經驗性的主體性(empirische Subjektivität),這是一種主體的心理狀態,它的功能是感覺,概括一切喜怒哀樂愛惡欲等感受能力,其作用有時空性。超越的主體性(transzendentale Subjektivität)則超越時空性,恆時在動感之中,沒有止息之時,只有顯現不顯現之別。第三,如來藏作為主體性,是最後的實在,處於最基要的層次,不能被還原為比它更為根本的東西。這點很容易使人將這如來藏與婆羅門教(Brahmanism)所提的梵(Brahman)和我(ātman)混淆起來,以為雙方是同一東西。實在說來,雙方有非常明顯的差別。如來藏是最高的真實(highest reality),但不是實體(Substance),不是那具有常住不變義的自性(svabhāva)。它不是實體主義(substantialism)的導向,而是

非實體主義（non-substantialism）的導向。老子所說的道、儒家所說的天道、天理、天命都是實體形態，基督教的上帝和柏拉圖（Plato）的理型（Idea）都是實體。作為主體性、終極主體性的如來藏不是實體，但卻是實在，而且是最高的實在。這實在是真實不虛妄的意味，不是實在論（realism）所說的客觀實在。如來藏不是如一般所說的實體那樣，埋藏在現象的背後，作為一種基體（substratum）來支持它們，呈現寂靜的狀態。它毋寧是一充滿動感（Dynamik）的主體性，其本性、本質仍是空的主體性。

關於這點，我想在這裏多說幾句，澄清一些似是而非的論點。如來藏既是成佛、成如來的潛能，而覺悟成佛是心的活動結果，因為心能活動，能發動行為，使人捨染成淨，故如來藏是心能，是活動狀態的主體性。嚴格地說，它不具有體性，更不是形而上的實體。它是活動，而不是存有。如來藏是絕對性格，超越一切相對的、比較的考量，是夐然獨立的。它與佛陀與原始佛教所說的「無我」（anātman）思想並不矛盾。「無我」的我是個別自我、個體生命，是私欲、私念、煩惱的載體。人有自我意識，也有自我的潛在意識，這便是唯識學所說的末那識（mano-vijñāna）。這種自我意識會讓人生起虛妄的想法，而貪著自我，排拒非我，或貪著自我所有的東西，排斥非我所有的東西，而使世界分裂。如來藏不是這「無我」的我，卻是證取無我真理的主體性。它能起用，發而為智慧（buddhi），照見生命中的無我性格。這個體證無我真理的如來藏，有時亦確被說為我義。但這是另一層次的我，是超越我、法的相對性的絕對的大我。傳為無著（Asaṅga）所著的《大乘莊嚴經論》（Mahāyānasūtrālaṃkāra）說：

偈曰：清淨空無我，佛說第一我，諸佛我淨故，故佛名大
我。釋曰：此偈顯示法界大我相。清淨空無我者，此無漏界
由第一無我為自性故。佛說第一我者，第一無我謂清淨如，
彼清淨如即是諸佛我自性。諸佛我淨故，故佛名大我者，由
佛此我最得清淨，是故號佛以為大我。由此義意，諸佛於無
漏界建立第一我，是名法界大我相。[10]

這裏明顯表示，此「大我」實以「無我」為本性（自性），而「無
我」即是清淨真如、真理，故這大我是以無我的真理為根本性格。
即是說，大我實已超越、摧破私欲、私念的我所張羅起來的種種藩
籬、網絡，直證這種我體的本性為空，不可對之起執。這種我體的
空的本性，即是真理，是無我的真理。《大般涅槃經》
（*Mahāyānaparinirvāṇa-sūtra*）說：

諸法無我，實非無我。何者是我？若法是實，是真，是常，
是主，是依，性不變易者，是名為我。[11]

這段文字顯示另一層次的超越的主體性或真我。它有實（實在）、
真（不虛妄）、常（常住性）、主（自主性）、依（為諸法的依
據），和不變易的性格。這其實是如來藏我、佛性我。

10　《大正藏》31・603下。
11　《大正藏》12・379上。

四、如來藏的普遍性與現起問題

　　如來藏作為一覺悟成佛的超越依據，普遍地存在於一切眾生的
生命存在之中，眾生是平等地具有此一覺悟成佛的能力的。問題是
眾生能否和如何將它顯發出來。從現實的角度看，眾生都是凡夫，
都充滿著種種苦痛煩惱、顛倒見解。但這並不表示眾生的生命本
質。他們的本質，應在於如來藏的內在性方面。只要一朝能顯發這
如來藏，眾生即能當下覺悟，而得解脫。《華嚴經》有云：

> 無眾生身如來智慧不具足者，但眾生顛倒，不知如來智。遠
> 離顛倒，起一切智、無師智、無礙智。……如來智慧、無相
> 智慧、無礙智慧，具足在於眾生身中。……云何如來具足智
> 慧在於身中，而不知見？我當教彼眾生，覺悟聖道，悉令永
> 離妄想、顛倒、垢縛，具見如來智慧在其身內，與佛無異。[12]

這裏提到如來智（慧），與一切智、無師智、無礙智、無相智慧並
列，謂俱有於眾生生命中，眾生只是不知而已。這些智慧雖有種種
不同稱法，都是同一的覺悟智慧，與佛所具的無異，都是使人成就
如來、佛的人格的根本能力。《華嚴經》在後面才正式提到「如來
藏」之名。[13]這如來藏應是如來智，故亦應具足於眾生的生命存在
之中。不過，由如來藏到如來智，有一細微的思想歷程。說藏
（garbha）是從根源方面著眼，說智（jñāna）則是從勝用上說。若

12　《大正藏》9・623下-624上。

13　《大正藏》9・631上。

以體（substance）與用（function）的範疇來說，則如來藏是體，如來智是用。《華嚴經》所強調的，是智、用方面，對於如來藏的體性（體性是借說）一面，只約略一提而已。可見其中的如來藏思想尚未成熟。

另一經典《大般涅槃經》則直言如來藏即是佛性，即是我，一切眾生都具足這個主體能力：

> 我者即是如來藏義。一切眾生悉有佛性，即是我義。如是我義從本已來，常為無量煩惱所覆，是故眾生不能得見。……如彼貧人，有真金藏，不能得見，如來今日普示眾生諸覺寶藏，所謂佛性。[14]

即是說，如來藏作為一成佛、成如來的主體性的潛能，普遍地內在於一切眾生的生命存在中。眾生之所以仍是眾生，是由於未覺察到有這寶藏，而將它顯現出來。為甚麼未覺察到呢？經說是「無量煩惱所覆」。經中多處強調一切眾生悉有佛性，亦即說一切眾生悉有如來藏，即使是最愚癡的一闡提（icchantika），也有佛性。雖然如此，由於眾生有無量罪垢，致佛性不能顯現。經中說：

> 一闡提雖有佛性，而為無量罪垢所纏，不能得出。[15]

要注意的是，經中一方面說一切眾生悉有佛性，一方面又說眾生有

14　《大正藏》12‧407 中。
15　《大正藏》12‧419 中。

無量煩惱。前者為後者所覆蓋，不能顯露，故眾生只以凡夫的姿態出現，而不以覺者或佛的姿態出現。按在這裏很能顯示佛性或如來藏的超越的分解義。超越是指佛性、如來藏具有超越的性格，分解是指這佛性、如來藏和現實的經驗性的事物分離開來，雙方不是同體，而是異體。同體是一物二面之意，即是，雙方是同一東西，同一質體，但以不同的方式顯示出來。異體則是不同的東西、質體相互分開，它們不單是在時間上、空間上分開，更重要的是，它們各自保有其內容、性格，即使兩者被存有論地放在一起，還是沒有交集，像水與油，始終是相互分離狀態，不能混融在一起。超越的佛性與經驗的罪垢雖然碰在一起，但雙方沒有存有論上的交集，佛性仍然是清淨的佛性，罪垢仍然是汙染的罪垢，始終呈分離狀態。即使在佛性為罪垢所掩蓋，不能顯露出來的情況，還是不能相互滲透，相互融合。這便是超越的分解。超越是就佛性作為一超越的主體性而言。進一步說，佛性與罪垢的「有」、「存在」，是不同的。佛性的有，是超越的、本質的存在，這存在性超越時空、範疇；罪垢的有，則作為一種經驗性格的東西而存在，存在於時間與空間中，受到思想範疇的作用，以至規限。這兩種有、存在，在層次上並不相同。以中國傳統哲學的詞彙來說，佛性是理上有，原理上有；罪垢則是事上有，實然地有。兩種「有」出現在不同的層次，這便是超越的分解。

由理上有、原理上存在很自然地會想到現起、實現的問題。眾生理上有佛性或如來藏，並不表示如來藏已實現出來了，在經驗的現象中顯現出來。這是事上的現起（pravṛtti）問題。這個問題可以追溯到唯識學的無漏種子的說法，後者在功能上相當於如來藏，兩者都是覺悟成佛的基礎。這些種子（bīja）得到適當的條件，才會

現起，讓眾生得到覺悟而成佛。關於無漏種子的現起，唯識學提出正聞熏習說。這種熏習的可能，依於閱讀佛典，最好能碰到現成的佛、菩薩開示佛法，能夠聆聽。不過，這些條件都是經驗性格，沒有必然性的保證。故正聞熏習作為一種機緣來說，是經驗性的、偶然性以至實然性的。你能否遇見現成的覺者在說法，是你的造化，這便有開顯覺悟的可能性，若遇不上，也沒有辦法。這樣，成佛成了靠外緣來決定的活動，不管當事人如何企求，如何盼望，甚至如何努力，也沒有用。這種觀點不能確立自主自律的成佛理論。

另外，正聞熏習的主角佛、菩薩，初時都只是一般的眾生、凡夫而已，他們之能夠成為佛、菩薩，也需要現成的佛、菩薩這正聞熏習的載體才行，他們的無漏種子才能現起。這樣不斷上推、上溯，可至於無窮。這便出現無窮追溯的理論困難。因此，唯識學的這種說法是行不通的。

如來藏的現起並無這樣的困難。它是自緣現起的，不是如唯識學所說需要有正聞熏習這種他緣而得現起。即是，唯識學所說的無漏種子要藉他緣才能現起，而如來藏自身內部便具有一種促發自己現起的力量。《大乘起信論》便明顯地提到這點。它用「自體相熏習」這種字眼來說這自我促發或自緣現起；它也用「眾生心」或「本覺」來說如來藏和佛性。本覺指本來就具有的覺悟潛能，它本來就具有一種無漏的功德或清淨的功德，後者能發出一種力量，以進行自我熏習。因此，這叫作「自體相熏習」。《大乘起信論》說：

　　自體相熏習者，從無始世來，具無漏法，備有不思議業，作
　　境界之性。依此二義，恆常熏習，以有力故，能令眾生厭生

　　死苦，樂求涅槃，自信己心有真如法，發心修行。[16]

即是說，我們本來便有無漏的質素，又能積聚不可思議的、殊勝的
業力，這兩者作為一種對象或外境，可牽引眾生心或如來藏，讓後
者產生一種力量，在生命存在內裏進行自我熏習，使自己遠離苦
惱，而趨赴涅槃，因而發心修行，生出世求道心，最後令自己覺悟
成佛。由於眾生都具足這自體相熏習，在這方面可以說超越的和絕
對的平等性。眾生一方面有成佛的潛能，另方面有顯發這潛能而趨
向覺悟之域的能力。這都可以說真正的平等性。

　　這是眾生的超越的賦稟，另外又有後天的氣質相交涉。這個問
題比較複雜。從原理上說，每一個眾生都具備如來藏心，他們都具
有成佛的基礎，而且每人都有自體相熏習，自己能熏習自己，產生
智慧，照見真理。但落在現實的層面，每一個眾生能否做得到呢？
這就不是簡單的事，因為後天的氣質的影響是很大的。在這一點
上，各人所稟受的氣質不同，有些人清明，較能體證真理；有些人
昏濁，生命的障蔽多，對體證真理造成障礙。《大乘起信論》便這
樣說：

　　　無量無邊無明，從本以來，自性差別，厚薄不同。故過恆沙
　　　等上煩惱，依無明起差別，我見、愛、染煩惱，依無明起差
　　　別。[17]

16　《大正藏》32・578 中。
17　《大正藏》32・578 中-下。

眾生從久遠以來便稟有無量無邊的無明氣質，無明程度不同，各人
體證真理的情況便各異。無明厚，則難以體證，無明薄，則易於體
證。依據眾生在無明上的稟受，便有不同的煩惱。故即使眾生都平
等地具有如來藏或本覺，同樣具備自體相熏習力，但由於後天的氣
稟清濁不同，對覺悟的或遲或早，會構成重大的影響。

第二章　佛性偏覺：
華嚴宗的性起說與法界緣起說

一、華嚴宗的性起思想[1]

　　性起思想主要是回應天台宗的性具說，其要旨為萬法的生起，依於作為最高主體性的真心。真心即是佛所自證的法界性起心或第一義心。萬法的緣起、現行，形成的染、惡，呈現於識心面前，雖依真心而起，卻不是真心的本質。因此，現實上的染、惡是空的，一旦獲得同於佛的自證，即知真心無染無惡。

　　性起是法性（dharmatā, dharmatva）的起現法界（dharmadhātu）中的諸法。華嚴宗講到的法性，是活動的心，可以起現諸法的心，而不是靜態的理。它解消了法藏、宗密他們批評法相唯識宗學說裏強調真如是「凝然不變」的靜態理的問題。華嚴宗的法性，既是靜態的理，亦是動態的心。故可以發揮功用，起現諸法。性起所起現的，是法界緣起的無礙自在諸法，每一法皆具其特別存在價值，相

1　整理自吳汝鈞著，《佛教的當代判釋》（臺北：臺灣學生書局，2011），頁 418-20。

互之間無取代性。起現的每一法，是佛在海印三昧禪定中示現的法界分子的種種樣相，是佛在修習中累積得到的圓明性德在客體方面的反映。這樣說的性起，是「依體起用」，體是真性、法性、佛性，亦即真心。

真心的「起現」或性起的「起」，不是物理層次的因果律之中的生起、產生活動。這種「起」或「起現」，在法藏的講法，是一種形上意義的起，亦不同於上帝創造世界的創生活動。真心與真如作為萬法起現而言，是一種憑依因素，萬法因之而起現，但是生萬法的原因另有「所在」（華嚴宗未明言「所在」為何）。

吳汝鈞：這裏主要涉及「性起」的觀念，在這裏我們要進一步瞭解一下。我們通常說「起」，應該是一個宇宙論的概念，不是起居生活的起。不是早上幾點起來的起，是萬物的存在性是如何可能，萬物是怎麼生起的。它這裏強調性，表示萬物的性跟生起有關係。在中國佛學的「性」是就佛性來講。華嚴宗「性起」的講法，萬物是由佛性而生起，表面是這樣說，可是對這一種性起的思想，這樣說太籠統。因為不光是華嚴宗這樣說，天台與禪宗（在某一義理方面），也提出這樣的說法，說佛性能生起一切法。另外如來藏思想，以如來藏作為生起根源，萬物就這樣成立。所以，華嚴宗就剛才提出的表面講法，顯不出它突出的地方。因此在這裏要特別從華嚴宗的義理與脈絡來講性起的問題。

先注意「起」這個字眼。表面來說「起」是萬物的生起，可是萬物的生起可以有兩種形態，一種是和常識比較相近，是實實在在的生起。比如說，一個嬰兒十月懷胎，十個月就從母親身體生出來，這是很具體、實在的一種生起。在佛教裏講萬物的生起與這裏

講的意思相近的，最明顯的是唯識學，講阿賴耶也講因緣俱足，到阿賴耶識中的種子因緣成熟就會現行，成為具體的現象。賴耶緣起是說，哪一些種子遇到足夠的輔助因素，就會現行，生起，出現，成為具體的物體，或是現象。所以我們可以說這種生起是實質性的生起。雞生蛋就是這樣生起。這種生起從哲學來講就是一種經驗的生起、現象論的生起，一種自然的生起。不能講理想的生起。這就是我們通常所講的「生起」的意味。

再進一步看，除了這方面的生起以外，還有沒有另一種生起是超越經驗性，超越現象，而有的另一種生起呢？超越的生起，現象學的生起，可以說是理想性的生起。這比較難瞭解，可是也不是沒有瞭解的門路。這種生起我們可以說是依關係（relationship）而生起，不是依實際生起（substantial origination），而是一種根據關係而生起（relational origination）。就是事物與事物達成某一種關係，而生起某一種現象，這種現象有目的性，有理想性，有現象學的意味。華嚴宗講的性起就是這一層次的生起。舉例來說，華嚴宗常常提到相即、相攝、相入，或者是有力、無力，可以說是關係性的詞彙。譬如說，有四個朋友決定要一起去旅行，旅行就要有目的地，其中有一個說要去高雄澄清湖（模仿西湖建造的人工湖），另外有一個人說要去臺中日月潭，另外兩個說要去花蓮太魯閣。這裏產生一些意見上的衝突，就以少數服從多數來決定作為依據，而決定去花蓮太魯閣旅行。從這裏可以展現出有力與無力的問題。有力是指某些因素可以起主動的作用，無力是指不能起主動作用，只是陪伴的性格。這裏組成的成分要通過力，或力用來達成最後的決定。兩個人比一個人有力，少數服從多數，所以去花蓮旅行的現象就這樣確定下來。它就是通過有關分子，有力或無力，或者是說有

影響力或無影響力這種關係上的不同而確定下來。這種生起其實在日常生活裏面常常出現。我剛才講的是一般性的例子，可是它比較難懂，因為這種生起與實際性的生起不一樣，這是一種關係性的生起。這種關係是有力無力的關係，或是空有的關係。空是無力，有是有力，有力可以作出最後的決定。

華嚴宗講的性起，是屬於這種關係性的生起。這種生起可以說價值、目的性、理想性、現象學性等等。然後我們再進一步講性起，從一個比較的眼光來說，第一種生起，像雞生蛋的生起，這種「起」是宇宙論，或者是存有論的概念。小的時候我在農村養雞，其中有一個好處就是讓牠生蛋，蛋可以當成菜餚。如果你有錢，可以買魚吃，如果沒錢就沒有魚可以吃，但是可以拿家裏母雞生的蛋來吃。這種生蛋的生，是一種存有論的或是宇宙論的概念。就是讓它的存在性成立，就是生起。另外一種，從關係來講的生起，它也有存有論或是宇宙論的意味，可是更重要的是，它有工夫論的意味在裏面。以關係作為基礎的生起，你要通過一種實踐、修行的工夫才能達到這種生起。這種生起比較複雜，一方面有存有論或宇宙論的意味，另一方面更重要的是要經過一種工夫論的歷程才能有這種情況出現。

瞿慎思：請問真心與真如作為一種萬法起現的的憑依因，可以以充分但非必要的條件去理解嗎？如果非必要，那麼可以說實踐的工夫才是生起的必要條件嗎？

吳汝鈞：真心作為萬法起現的憑依因這一點在下半部將會提到。

二、法界緣起[2]

緣起（pratītyasamutpāda）是佛教的根本義理，相對揚的是性空（svabhāva-śūnyatā）。法界緣起又稱為法界無盡緣起、一乘緣起。關於佛教裏不同學派的緣起有五種說法：八不緣起、業感緣起、阿賴耶緣起、真如緣起與法界緣起。

（一）八不緣起：龍樹中觀學的重要論題，表示對事物生、滅、常、斷、一、異、來、去八個範疇的否定。否定事物自性立場的生起、消滅等現象。但是不否定緣起現象，緣起必須是無自性的緣起。未直接正面解釋緣起，僅能從其對自性否定而間接了解其中緣起的看法，是一種虛說的緣起理論。

吳汝鈞：華嚴宗所講的性起，就是一種具有存有論、宇宙論，更有工夫論意義的生起。我們再把這裏涉及的問題繼續擴充下去。以我剛才提到的兩種生起，作為具體的例子，來擴展這種在佛教裏所提出的萬法生起，它們有多少類型的生起呢？通常我們說萬法生起就有五種生起。我們先把這五種生起簡單講一下。第一種是中觀學所講的八不緣起，不生不滅、不來不去、不一不異、不常不斷，是吧？中觀學龍樹的《中論》（*Madhyamakakārikā*）裏，就有所謂八不的偈頌，這應該在以前有講過。在《中論》裏有一首相當重要的偈頌，講萬物的生起。不過它是通過負面的狀態而講，不是通過正面。八不的不，就是負面的。這樣說萬物生起都是沒有自性的，是緣起的。萬物有一個共同性，它們的生起是沒有自性的生起。所以

2　整理自《佛教的當代判釋》，頁 420-25。

我們說生起，也可以瞭解為兩種，一種是有自性的生起，一種是無自性的生起。

　　有自性的生起，就是通常實體主義所講的，有自性，有實體的生起，像上帝創生萬物，這萬物是很具體的出現在我們的眼前，實實在在的，有它的實體性。儒家所講的天命、天道、天理創生萬物，這種生起也是屬於實體主義的生起。它一方面講天命、天道、天理的實在性，形而上學的真實性，另一方面也講從天命、天道、天理創生出來的萬物萬象，都是有實性，實事實理，事和理都是真實的。這是實在的有實體有自性的生起。關聯到這裏面，我想到一個問題，儒家一直沒有正視這問題。就是說，天道、天理、天命這些實體形態的形而上的東西，創生萬事萬物，把真實性也貫注到萬物中，然後這些萬事萬物都有真實性，就是實性，所以他們就提實事實理這觀念，這在宋明儒講得很清楚。朱熹非常強調這觀念，佛教所講的現象是虛妄不實，儒家講的形而上實體所創生出來的東西，是實事實理，這很清楚，也很容易瞭解。我最初提出純粹力動現象學就考量過這問題。可是儒家講的天理、天命、天道創生有實體性的萬物，那這個「實」要實到甚麼程度？如果你太「實」的話，它可能實到不能改變的那種程度，如果是這樣問題就出來了，就會演變成變化不可能。

瞿慎思：這樣的理解，會不會傾向原子論的說法？

吳汝鈞：邏輯原子論是羅素說的，他是實在論者，當然有這種傾向。我是從儒家的實事實理這方面來考量。萬事萬物有實在性，這沒有問題，可是這「實」的字眼要有進一步的規定。如果這個「實」，到了自性的程度，到了不能改變的程度，那就很糟糕，變

成一種常住論（eternalism），甚麼東西都是永遠存在，而且形態是固定的，不能改變的。如果把「實」講到這程度，就會引起很大的問題，就是工夫論的問題，也就是關於道德上的教化、宗教上的轉化就變成不可能。因為眾生的無知、無明是有實在性而且它的實在性達到了一種很嚴重的程度，就是真實，真實到不能改變，不能打破，不能克服。那我們說變化氣質就不可能，道德上講教化不可能，宗教上講的轉化、轉識成智也不可能。因為它實到像金剛石一樣，打不破，沒辦法改變。那麼這樣講哲學就成了問題。特別是東方哲學為然，我覺得有點奇怪，不但宋明儒學沒提這問題，當代新儒學也沒人提出這問題。

盧家昌：宋明儒例如王船山試圖用氣來談這問題，把氣的概念加進來，使物可以生滅、流轉，氣的實虛清濁，都會讓物不會常住。

吳汝鈞：氣是一種經驗性的東西，凡是經驗性的東西就會改變。我們講常住不變的性格，不會講到經驗性的東西。你講經驗就包含有可以改變的性格，氣就是一切經驗性格存有的最原初的狀態。超過氣這最原初的狀態，另外一邊就是理，理氣二分。講到氣這方面，還不能講實事實理的意味。因為氣畢竟會改變。氣有一種動感，會流動。氣，是老子、莊子講的有的觀念，就是經驗性的世界最基原的階段。老子：「天地萬物生於有，有生於無……」這無就不是氣或經驗，是理，是宋明儒學講的理。這個有，相當於氣，是萬物萬事最原初的階段。道家說「有」，儒家說「氣」。氣再往上，就是「無」，是形而上的終極原理，是「太虛」。太虛跟無都是屬於超越的、超經驗的原理。從無或太虛下面轉出來的有，或是氣，經驗性的東西就是從而分化出來的。所以有一個很關鍵性的問題，我們

說萬事萬物都是從天道創生出來，它們會不斷地流變。這樣講就是把實、有，在某一個限度裏講實。如果從終極的限度來講這個實，就是實體、自性，常住不變。不管你想盡方法去改變它都不會成功，因為它是實到不能改變的程度。這都是問題，而且是大問題。為甚麼他們不提出來呢？唐君毅先生常常提到天道創生萬物，他的用心是反對佛教虛妄的概念。因為佛教講整個宇宙都是虛妄的概念。儒家認為不是這樣，萬物作為終極實體天道創生，是實事實理，不是虛妄的。可是這個實事實理的實，我認為要有一個限制，不能無限制的讓它實到不能改變的程度。

　　這世界甚麼東西是最硬的？金剛石。它是一種物體，它還是可以被打破、打碎。金剛石還不算是一種極度實的東西。水，在攝氏一百度，就會滾起來，變成水蒸氣，往上升。金剛石放進這樣的溫度裏，不會被影響，但是隨著溫度繼續上升，壓力改變，它的實性就有可能破解，它還是會變化。這問題可以發展到很嚴重的地步。在佛教裏也有一闡提的眾生，他愚痴到不可救藥的地步。不管你怎麼教他，怎麼引導他，他都是沒辦法改變。如果實事實理的實到了一闡提不可改變的程度，那我們對宇宙的萬事萬物所能做的就很有限。或者說，一個人的愚昧無知到了不可改變的程度，你對他施行種種的教化、轉化都不能影響他，這就變成常住論。在哲學上，到了常住論的階段，我們人就沒有任何辦法。你對他做出的種種努力，花很大的心力來教導他，希望能加以轉化、改變愚痴與無明，希望變成聰明，是不可能的。這裏先不講怎麼處理這問題。

　　萬物的生起，一方面是有經驗性的生起，另外一方面也有依據關係作為基礎而生起。華嚴宗講性起的「起」，就是依關係的概念而提出來的。所以這種關係裏面，有工夫實踐的意味。我們可以再

進一步講，這種生起是有專有名相，就是法界緣起。所謂法界緣起，在整個法界裏面，終極真理的世界裏，所有的東西都呈現一種真理的本質。所謂真理的本質，它以自己的本性、本質來顯現，以物自身的面相來呈現，不是以現象的面相來呈現。所以在法界的所有的事物都有無上的價值，別的東西無法取代，有不可替代性。這種法界緣起是怎麼成立的？法界緣起生起的基礎在哪裏？華嚴宗說，體現法界或真理世界，是從毗盧遮那大佛（Vairocana Buddha）在海印三昧的禪定裏面出現。這樣說，它的工夫論意味很強，不是一般人面對的物質世界的情況。如果我們沒有那種工夫就不能顯現那種法界，你要作工夫，而且工夫要達到那種禪定的境界才能夠出來。那種修行的境界就是海印三昧。這種性起不是一般人有的現象，而是前述所提的境界才能達到。釋迦牟尼佛有沒有達到這境界呢？我們都不知道，可能釋迦牟尼佛都還沒到達這種境界，那我們這些凡夫就更不用講。

瞿慎思：關於老師認為儒家實事實理的實在性問題，如果這邊去強調《易》的「生生之謂易」，以陰陽的方式去講事物的變化、關係，是否可以補足這問題呢？因為，這問題在於天命、天道到萬事萬物中間怎麼化生、創生，萬物怎麼改變的問題。

吳汝鈞：問題還在，萬事萬物是從太極、太虛、天道、大易創生出來，當然是有真實性，真實不虛。他們講到這裏覺得這樣就夠了，只要針對佛教虛妄的性格，把它活轉過來，從虛妄轉向真實。他們是有這意味的。「生生不息，大用流行」這種本體宇宙論的創造出來的東西，都是有真實性，不能說為虛妄或是緣起性空。站在他們的立場來講是對的。即便是一位非新儒家的信徒，也可以接受這講

法。可是如果再深入下去，這種實事實理有沒有限度，會不會實到不能改變呢？他們沒有進一步討論。以他們的天份、博學程度與睿智，怎麼沒有提出這問題呢？

瞿慎思：需要再加入知識論的討論才可以講清楚嗎？把真實與有效性講清楚。

吳汝鈞：知識論是對客觀世界如何構成有效知識，只講到這裏，沒有牽涉到對象的實事實理的性格。這是形而上學的問題。知識論的真實有效只在知性範圍內講，真實與有效的對象成立，知識論只講到這裏。現在講這些東西，可能會被新儒家學派說成是叛徒，違背師門的教訓，這對儒家來講是外道的講法，不合規矩。我也不是新儒家的信徒。這問題非常值得研究，如果繼續討論下去，可以寫一篇長長的研究論文。

瞿慎思：以物自身的概念來說，它需要呈現嗎？法界裏有物自身，需要呈現出來嗎？既然是知識理解的界限，如果法界裏有各種法，那也有種種物自身，法與法之間需要彼此打開或是呈現嗎？既然是物自身，應該就不需要呈現。

吳汝鈞：妳這個問題提得很好。物自身（Ding an sich）主要是參考康德所提的物自身來講，牟宗三先生也常常提物自身的觀念。不過他們兩位對物自身的看法有很大的差別。從康德的角度來看，物自身是一個消極的概念，不能出現的。起碼對於我們人類來講，物自身不能成為對象。它只是一個所謂限制的概念，限制我們人的認知範圍，範限在現象的範圍。現象以外，現象的在其自己那方面，我們人就沒辦法認知，我們人的認知能力只有兩種，一種是感性

（Sinnlichkeit），一種是知性（Verstand）這兩種東西。而對物自身，知性與感性都不能進行瞭解。它需要睿智的直觀或睿智的直覺才能了解。可是我們人就沒有這種睿智的直覺。我們人只有感性，所以不能認知物自身。物自身對我們來講，只有消極的意味，沒有積極的意味，它只是一個限制概念（Grenzbegriff），限制我們認知有一定的範圍。現象以外，物自身這方面，我們人就無能為力。這字眼是瞭解物自身一個很關鍵的字眼。康德提出物自身可以瞭解，可是只有上帝有能力瞭解，人沒有。上帝的直覺不是感性的，而是睿智的。康德認為上帝有睿智的直覺，所以可以瞭解物自身，同時祂也可以創造物自身。如果從康德的脈絡講物自身，它的意思是非常貧乏，很簡單，只能說在現象背後應該有這麼一種東西，這種東西是甚麼樣子呢？從我們人來講，只能說不知道，因為我們人沒有接觸物自身的認知機能，可是上帝就有。這是消極的概念，沒有正面的內容。

　　後來牟宗三先生講現象與物自身的關聯，他就把物自身從康德的簡略、消極意味的東西，講成有積極意味的東西。它是超越的，不是經驗的，是超時空的，沒有時間性、空間性。牟宗三認為根據中國的儒、道、佛這三家的講法，我們是可以認知物自身。在這個問題上，儒道佛這三家是一致的，認為人可以培養出這種能力去認知物自身。譬如從儒家來看，舉程明道為例，他有一首詩，裏面有兩句：「萬物靜觀皆自得，四時佳興與人同」，我們靜觀的時候，萬物不是以現象的方式呈現，而是以物自身的姿態呈現，讓我們認知到萬物本來的面目。以道家方面來講，認為人有道心，人不但有私心、成心，另外還有道心，道心就可以讓我們看到現象背後超時間、超空間、超經驗的物自身。道家有很多語詞或講法，都有物自

身的意味。與物融合在一起，與天地精神相往來，所謂見獨，這些
講法都含有物自身的意味。所以，我們人要做的不是要往一個地方
接觸物自身，或者在我們生命裏做一個睿智的直覺，我們人本來就
有睿智的直覺，不需要往外去找，或是請上帝替我們做出來。我們
要如何把物自身顯現出來，成為我們生活上一種睿智的認知能力或
是能夠穿透事物本質的一種能力的對象。佛教就更明顯，講到般若
智，相當於睿智的直覺，般若智是睿智的，不是感性的。牟宗三對
睿智的直覺和物自身的瞭解就接近佛教的瞭解。

　　另外妳提到萬物的物自身是不是一樣呢？還是有差別呢？當我
們說物自身的時候，我們對它有基礎的瞭解，就是物自身有超越
性，超越時空的性格，是無限的，也可以說它是事物的本質。這些
語詞都有表示物自身是一種普遍的東西，強調它的普遍性，不強調
個別性或是差別性。可是問題不是這樣講，舉例來說，我跟各位都
在睿智的直覺這方面下工夫，目的就是要展現我們睿智的直覺的能
力，來看到現象背後的物自身。以眼前的茶壺為例，這是我拿來喝
水的，如果從茶壺的物自身來講，我們很難講出特殊性。譬如說，
它的空間性，它的外型是如何，它的作用是盛水，這些東西是有關
這茶壺的特殊性，跟另一個茶壺的物自身，性格一樣。可是我們能
不能分別說這兩個做為物自身的東西，除了一些普遍的性格以外，
有沒有差別性呢？這就比較難講，從顏色、高度、重量等等，都有
它們之間的分別。可是講到物自身的層面，這種分別就很難講，我
們只能講兩者的普遍性，也就是相同的地方。這會引起一些問題。
在我們日常生活裏，我們會碰到很多不同的東西，我們也會運用它
們。我去修行，修行的目的是讓睿智的直覺顯現出來，看到物自
身。結果我的修行成功了，顯現了睿智的直覺，看到各種事物的物

自身。各種事物之間的物自身有分別嗎？雖然我證成睿智的直覺，但是還是生活在現實的世界。雖然沒有執著，在一般生活上，我們還是必須運用這些東西。可以說它們都是物自身，而沒有分別嗎？不能。你能拿包包來喝水嗎？它們還是各有各的作用。它們經驗上的性格還是有的。

所以物自身顯現在那些展現睿智的直覺的人眼前，也不好說所有東西的物自身都是一樣。我再舉一個更明顯的例子，我們每天都吃飯，也會看到石頭。飯有飯的物自身，石頭有石頭的物自身。看到不同的東西，如果物自身都一樣，現象不一樣，那麼我們吃飯可以充飢，吃石頭可以充飢嗎？飯還是飯，石頭還是石頭。對於物自身我們不能不講它的特殊性，只講它的普遍性。在一般生活上，我們對物自身的瞭解，在現象背後的物自身，應該是有它們的特殊性，有它們不同的作用，不同的外形，我們不能把它看成寡頭的普遍性或普遍的東西。這一點有沒有文獻與義理上的根據呢？天台宗最後一位大師，知禮大師，他講出一句非常精采的話：「除無明，有分別。」就是說我們從無明種種的執著解放出來，所面對的世界還是有分別的世界。世界上每一種東西都有它的分別，概括的說就是有兩方面的分別，一是外形，二是功用。我們證成睿智的直覺，把一切無明、執著、顛倒的見解去掉，從無明的狀態解放出來，達到明的境界，或明覺的智慧，就是睿智的直覺。我們能夠展現明覺，可是我們看萬物還是有分別。如果沒分別，你就會拿石頭當飯吃。反正石頭的物自身與米飯的物自身都沒有分別，可是，事實不是這樣。我們從無明到明，精神的境界不斷向上提升，那我們還是生活在經驗世界。我們不能像阿彌陀佛一樣待在西方極樂世界。我們即便能夠從感性的直覺提升到睿智的直覺的境界，或是洞見的能

力，我們還是生活在本來的世界，生於斯長於斯。我們不能換另一個世界來生活，我們不能像阿彌陀佛一樣，發願讓我們往生到極樂世界。在這情況下，不同事物的物自身應該也有不同，不至於把石頭當飯吃。這六個字概括這個大道理，講得清清楚楚。物自身也可以講分別性，妳的問題我就答到這裏。不過有一點不同，物自身有分別性，可是你不會對他們起任何執著，執著就是無明。你既然已經除掉無明，應該不會有顛倒見，不會生起顛倒行為，就不會有煩惱，就覺悟、解脫了。你看事物的世界，花草樹木、山河大地、日月星辰還是不一樣，只是你對它們沒有執著。

（二）業感緣起：是小乘佛教的緣起觀，現象的生起與變化起因於人的惑、業、苦之間的因果相續。惑是顛倒見，造就人做出惡事並形成惡業，惡業招致苦果。

（三）阿賴耶緣起：唯識學的緣起觀。認為人的第八阿賴耶識（ālaya-vijñāna）是生命存在和現象世界的中心。其中累積無數與各樣的種子，如果種子現行，便會形成各種具體行為與種種事物。是以，人的行為以至於現象界都是阿賴耶識裏的種子遇到適當機緣、條件之後而現起，所以稱為阿賴耶緣起或賴耶緣起。其中各種種子的性質不一樣，有清淨與染汙的分別。適當的條件或機緣，使得潛藏的種子實現而成為行為與環境。

（四）真如緣起：又名為如來藏緣起，真如是真如心或真常心。指事物的生起是以真如或如來藏為基礎或依據。《大乘起信論》的「眾生心」即相當於如來藏，是覺悟的基礎。其基本性格為清淨的，但會受到外界無明因素影響而致分裂，形成生滅心或心生滅門。但眾生心雖然分裂，自身仍以真如心或心真如存在。是以，

生滅心生起種種染法與淨法，染法與淨法皆因生滅心而緣起。與阿賴耶識不同之處在於緣起是依於生滅心，而非各種本具的潛藏種子。生滅心附屬於眾生心，眾生心即如來藏，是以又稱為如來藏緣起。

吳汝鈞：這四種緣起，前面三項比較容易瞭解。八不緣起是中觀學講的，事物的生起是沒有自性的生起。所以這種生起只能說是一種假名的生起，就是用一些假名來說事物的流變現象。譬如說，大量的水從上往下流，我們把這種現象稱為瀑布（waterfall）。三十多年前，我去貴州旅行，中途有個地方，叫做康順，我就去參觀了當地的黃果樹大瀑布，說是中國最大的瀑布，但是還是要看它的水量。因為那時是冬天，水比較少，當時不覺得水特別大。所以瀑布的水量，與汛水期或是枯水期有很大的關係。八不緣起講的是緣起，講萬物沒有自性的緣起，不是講有自性的緣起。有自性的緣起根本講不通，緣起就是無自性，如果有自性就不叫緣起，叫做自性起。

　　業感緣起的意思也很簡單，根據人的三種面相，惑、業、苦，人根據生命裏的這三種東西而顯出三種生存狀態，而有不同的生活，不同的經驗。阿賴耶緣起，阿賴耶就是種子，種子是精神性的種子，不是物理性的或物質性的。我們通常叫種子是從物理學來看，把種子放在泥土裏，不同的種子就會長出不同的植物。阿賴耶的種子不是物理性的種子，是精神性的種子，遇到足夠的外緣就會現行，成為具體事物。

　　比較麻煩的是真如緣起，表面的意思是以真如做為原因，而生起一切現象與事物，可是這樣直接解讀是不行的。因為真如就是

空，沒有自性的真理狀態，那怎麼能講緣起呢？當我們講緣起時要
講動感，真如是靜態的終極真理狀態，發不出力動，很難說緣起。
不過，如果你講真如緣起是依靠《大乘起信論》這部重要的文獻，
它就可以講出緣起。要從《大乘起信論》裏的「眾生心」開始講，
它是很重要的觀念。你可以說眾生心有真理的意味，是終極真理，
可也不光講理的意味，也講心。眾生心要把心與理合在一起講。這
要看《大乘起信論》的文字才能清楚。眾生心有發展，一心開二
門，一邊是真如門，另一邊是生滅門。生滅門或心生滅門就像唯識
學的阿賴耶識，能夠開拓出一切事物現象、整個宇宙，它們都是從
生滅門發展出來。可是生滅門也不是跟清淨的真如完全沒有交集，
它是眾生心的一面，眾生心有兩面。一心開二門。這邊是強調生滅
門那一方面。現在這裏有個問題，眾生心作為一種主導原理，然後
開拓出兩個面向，而從其中一個面向，生滅門，發展出整個宇宙世
界，這樣看好像眾生心是一個總的原因，由它來開展出宇宙世界。
這種開展當然不是一種直接的開展，它要通過一種曲折程序，區分
為真如門跟生滅門，再以生滅門來交代一切善惡事物，然後以真如
門來交代清淨覺悟那方面。它是經過這曲折來交代眾生心怎麼構成
宇宙萬物。有人提出眾生心對宇宙萬物來講，是一個原因，但是是
哪一種意義的原因呢？這裏就有進一步研究的必要。

　　萬法是憑依真如而得到它們的存在性，作為憑依因的真如，顯
然就是真如門或心真如門的所講的真理，然後真理的源頭又在眾生
心裏面。這樣的話，到底萬物萬象直接的來源在哪裏呢？這裏沒有
明確的交代。華嚴宗是上提到法界緣起的層面，那是法藏自己開創
出來的學說，不是《大乘起信論》的。《大乘起信論》沒有講法界
緣起，只講真如緣起或如來藏緣起。不管它的源頭是怎麼樣，最後

生起種種事物就是憑依或依傍真如或是空理而生起。到底依傍哪一方面的內容呢？這就可以比較清楚地說是空性的內容。萬法依傍空性的基本性格而生起，所以生起的萬法是諸法皆空。這就是佛教的基本精神。這又回歸到原始佛教或釋迦牟尼佛講的諸行無常、諸法無我、涅槃寂靜這種基本的立場。所以萬法就是以真如空性作為憑依因而成立的。真如空性是參考《大乘起信論》所提的一心開二門的心真如門來講。心真如門不是孤立的境界，它是眾生心，就是絕對的主體性，或者是終極真理開展出來的一個面向。

　　（五）法界緣起：第二、三、四的緣起說有一共同點，即從現實層面展開緣起的作用。這種緣起不帶有價值、理想的義涵，只是就現實角度說明現象界事物的生起作用。華嚴宗的法界緣起卻不是從現實層面來說，而是帶有價值、理想義涵的角度來說明。緣起起現的事物，是由修行者內在修證工夫映照出來，因此緣起與觀照者有密切的關係。根據華嚴宗所說，其教主毗盧遮那大佛（Vairocana Buddha）在深邃的禪定中獲致「海印三昧」的禪定，在其中，佛將自己體證所得，關於現象世界的真相投射到這世界中，而成就法界緣起的境界。在此境界中，事物都處於圓融無礙的關係，是透過諸法相即相入的關係而得。整體法界或宇宙諸法，皆沒於此相即相入的緣起關係中，成為「大緣起陀羅尼（dhāraṇī）法」。法藏的《華嚴五教章》說：

　　　初中，由自若有時，他必無故，故他即自。何以故？由他無性，以自作故。二，由自若空時，他必是有，故自即他。何

以故？由自無性，用他作故。[3]

這是透過空、有的概念來說明法界緣起的。以一自一他的方式來說，如果己方的緣起法是有的，那他方的緣起法必是空的，這是「他即自」；他方緣起法處於虛位時，己方緣起法因之而成就實位，這是「自作」；而「自即他」，便是己方為虛時，趨順於處於實位的他方。這種趨順或即的關係，形成大緣起陀羅尼法界的事事無礙法界。

法界的邏輯性，是依緣而起，而非對礙、有定相的生起，是無對礙、無定相的生起。其概念是在一種相依相待的關係中成立，其意義都是相對待的，而非任何具有決定性的概念。以六相圓融為例，六相（總別、同異、成壞）的說明包含先驗綜合概念與經驗概念，應該具有決定性的意義與定相。但並非如此理解。在緣起的觀念中，顯示緣起事象的關係表示，如相即、相入、相攝，其中即、入、攝等關係概念，都被視為具有濃厚的圓融意味。「即」不是數學的等於，「入」、「攝」不是時空概念，這些關係概念要藉由有力、無力的力用概念來說明，但是力用並非物理意義的力用，純粹是虛說，從態勢方面說，這些都不是決定性的（determinate）概念。如此才能支持圓融無礙的義理。

這種緣起概念不是決定性的概念，不能說明主客關係，亦不是知識對象，而是一種實相，是佛智的證見的所得。緣起法自身應被視為一種實在，是一整全概念，無部分的區分。

緣起的義理根據是「空」，是自性空，對自性的否定。《華嚴

3　轉引自《佛教的當代判釋》，頁 423。

經》（*Avataṃsaka-sūtra*）吸收了《般若經》（*Prajñāpāramitā-sūtra*）與中觀學的說法，以空作為現象的緣生法的本質。並且特別以空來說明無決定性與相對性。亦即，一切概念在本質上是空、無自性，不具有決定意義與定相，是非決定性的（indeterminate），其意義只是相依相待而成立。以空義說明概念的無決定性，並由之說明緣起事象的生起與相互關聯，遍於整個法界。法界緣起是實相在動態中呈現，不是在空寂中呈現。體證並實現這種法界緣起的真理境界，便能覺悟成佛。

　　天台宗的五時判教將《華嚴經》的教法放在五時中的首位，認為這是釋迦牟尼佛在覺悟後最初的說教內容。由於這是佛陀直接將他證得的真理境界宣講出來的義理，對於眾生而言過於崇高與抽象，使得眾生無法把握其教法，佛陀才轉而從佛教基本義理說起。因此，法界緣起的理解適合根器較高的眾生。

吳汝鈞：法界緣起不是構造論，它是一種有深厚工夫義的、實踐義的境界，就是毗盧遮那佛在海印三昧禪定所證成的法界、真理的世界。在真理世界裏，所有的事物都有無礙自在的性格，自由自在遊息於法界中，沒有障礙。這種法界，不是一般凡夫能成就的，要經過很深的禪定工夫。毗盧遮那佛在海印三昧禪定中可以證成，其他的佛或是大菩薩有沒有證成這境界呢？這裏就沒有交代了。我想應該有，不然就不能說成佛了。佛眼看的世界應該就是法界緣起的世界。佛教裏講有三種眼，最高的就是佛，祂的眼睛是佛眼，菩薩的眼睛是法眼，小乘的眼睛是慧眼，像我們凡夫的眼是肉眼。肉眼受經驗活動影響，所以我們的眼睛常常會出問題，近視、散光、視網膜剝離等等的問題，需要找眼科醫生處理。所以，法界緣起只限於

佛眼和法眼才能展示出來，我們一般凡夫眾生是沒有這種能力的。

　　法界緣起裏面，事物與事物之間有相即、相攝、相入這些關係。相即就是兩者湊在一起，靠在一起，而不是混在一起。相入，像是我們從門進入室內，是事物之間互相包含的關係。相攝，攝是攝取。這些概念是用來描述法界緣起的現象。為甚麼事物之間有這些關係呢？這些關係是從萬法本性空來講，相即、相攝、相入這些關係只能在空這種真理裏面而成立，因為是空，所以是沒有自性的關係，所以都是無礙。只有自性碰到自性才會有互相妨礙。如果都是空，都沒有自性，就是無礙。無礙也是華嚴宗描述法界裏面一個非常重要的概念。這次就講到這裏為止。

第三章　佛性偏覺：
達摩與早期禪

吳汝鈞：今天是講達摩跟早期禪，是吧？

吳嘉明：對。

吳汝鈞：那再下面好像是廖鈺婷，是由妳負責，講天台宗？

廖鈺婷：是。

吳汝鈞：然後妳之後是哪一位？是另外有人？

林美惠：我記得是我。我是講慧能的部分、南宗禪跟北宗禪。

吳汝鈞：那應該是吳嘉明講完就到妳了。

林美惠：應該是鈺婷？

吳汝鈞：我們是先把禪講過，然後再講天台。

林美惠：所以？

吳汝鈞：因為這裏的題材比較複雜，有佛性的偏覺與佛性的圓覺。佛性的偏覺也包括不同的部分，然後圓覺也有不同的部分。我們以

天台智者大師判教那部分作為最主要的題材，就是吳嘉明講完以後，就到妳倆講，因為達摩這個階段還是屬於佛性偏覺的範圍。慧能以後就從偏覺轉到圓覺這一方面，禪到了慧能，整個系統的偏覺、圓覺的不同的路向、不同思想的形態就已經完成。慧能以後，基本上沒有很大的改變，就是穿插在偏覺與圓覺之間，所以我們就沒有要把這部分也講下去的安排，因為下面還有很多部分，所以禪就是到慧能為止，或者加上馬祖與臨濟。

廖鈺婷：華嚴的部分上次慎思學姊好像已經講過了。

林美惠：對啊，慎思講了。

吳汝鈞：那本書給我看一下，我最近到日本去很多事都忘了。

林美惠：這樣好啊，整個人就放鬆了。

吳汝鈞：可是錢包就變得很輕啊，東西貴得很。（笑）不過這還是挺好，白天我就到處逛，培養靈感，晚上五、六點回來吃過晚飯，我就動筆寫，寫到大概十二點，七點到十二點寫了五個小時，每天都是這樣，三十天就寫了五萬字，再去幾趟，我那本書就寫完。一個月五萬字，我這本書大概十五到二十萬，所以再去兩三趟就可以做完。佛性偏覺這部分，就是超越的分解、佛性的偏覺、如來藏自性清淨心、如來藏的普遍性問題，是吧。然後下來就是華嚴宗，就是《佛教的當代判釋》中第十二章的第五節，華嚴宗的性起思想、法界緣起，就是慎思講的部分。然後達摩與早期禪、真心真性觀，到第九是吧？

吳嘉明：第十。

吳汝鈞：第十。如來禪與祖師禪，是吳嘉明負責，然後下來，慧能禪，這慧能禪在哪？

林美惠：第十三章。

吳汝鈞：嗯，對。

林美惠：十三章，五、六、七、八節。

吳汝鈞：對，這如來禪、祖師禪、無住與無一物、體用交融、平常心是道，這是慧能的，也包括後面第九的強烈主體性意識、動感的巔峰發展，就是這些問題。然後就是廖鈺婷負責講天台，是吧？就是第十三章第一、二、三、四，背反與圓覺、一念無明法性心、當體一如、存有論與工夫論義，這一、二、三、四節，是吧？

廖鈺婷：是。

吳汝鈞：那接下來我們請吳嘉明同學講他的那個部分。我在那邊，買了一些東西回來，給你們吃。你看，這是日本的點心，他們叫甚麼菓，甚麼菓子？

廖鈺婷：和菓子。

吳汝鈞：對呀，我這裏帶了一些回來，你們先把它拆開。

大家：謝謝老師。

吳汝鈞：這個很好吃啊，不過我是不能吃得太多，因為是甜的，太甜我就不能吃。這個他們說很好吃，不知道是甚麼菓。

廖鈺婷：這個是巧克力吧。

吳嘉明：嗯，很甜的味道。

吳汝鈞：我就是不能吃甜的。嗯，好，吳嘉明，可以開始。

一、神秀禪

吳嘉明：好，那這邊從神秀的偈講起，就是「身是菩提樹，心如明鏡台，時時勤拂拭，莫使惹塵埃」。雖然在我們所熟知的公案裏面，大家總會說是慧能後來的偈語更好，但是從這邊我們開始重新探討一個問題，神秀在這裏提出這樣一首偈語的時候，他是如何去理解本體與客體的關係，他是如何將如來藏自性清淨心做為一個主體來認識呢，或者應該說把它視為一個身體之外的客體來認識？好，那我們來看一下這首偈語。基本上這偈語是北宗禪對於本心做認知的一個途徑，神秀以譬喻的方式將心視為一個外在客體，就是我剛剛所談的如來藏自性清淨心，他們設立了一個可以作為判準的客體，作為對象的主體拿來認識，心與身完全的分離開來了。所以我們從老師的純粹力動現象學的觀點來看，如果我們對作為一個終極原理的純粹力動，視為為了自我的呈現，而凝聚下墮、詐現為氣，再由氣分化、詐現具體物而成；這部分可能需要老師講解一下，因為我對於純粹力動現象學並不是很了解。那麼超越的本心，則是純粹力動下貫到生命主體中，而表現的睿智直覺，所以只有在身心同源的概念底下，我們才能將超越的本心說的透徹。雖然神秀已經提出了超越於經驗之上的本心作為根據，但是卻分解的放在現

象和經驗之外，所以他抽離出了一個超越於經驗的心，將那超越的心作為一個客體來理解它。這是一個從外在來認識心的過程，它偏離了，將身心作為同源而思考。這是在北宗禪將清淨心抽離出來的一種方法。

那第二點呢，神秀的心是在超越與經驗的對立的脈絡中說，他將染汙的心不斷地排除掉，我們就很難去談心的內在性，因為如果心不是內在於人的話，我們可以分解出一個真實無妄的本心，但是卻沒辦法去建立它與經驗世界的關係。簡單講就是，在神秀這樣一個自性清淨心概念的思考裏面，外在的現象世界隨時崩裂、塌陷，沒辦法確定下來，這樣的經驗世界隨時會被捨棄掉，因為我們只要去確立了清淨心的存在，那麼經驗世界、外在世界就不會是我們所必須要的，它會被忘失。

第三點，從佛教唯識學的「四智相應心品」做對應，就是從大圓鏡智、妙觀察智等這四種智慧來做對應的話，神秀對於心的理解，是把它置在一個平等性智，是觀照諸法或種種事物所共同具足、分享的性格，這即是空的性格。若清淨心能在此狀態下保持運作，它就可以發揮出妙觀察智的作用，觀照事物的緣起、照見事物的特殊性格。這樣，本心就能綜合這兩方面，發展出大圓鏡智的功能，可以理解事物的普遍性與特殊性。但它裏面與神秀的本心並不太相近的是所謂的成所作智，因成所作智涉及對經驗世界的建立與認知。所以神秀所建立、判定出來的本心，沒辦法去對於外在經驗世界具有密切的交集。案就清淨心的純粹性來說，它對於經驗世界的關切性並不是太強烈，與成所作智不是太相應。

第四點是能覺者的問題，作為對於超越本體做工夫的本心，如何對外在於本體的自己亦即是本心作認識與修養。這是在身心未能

同源之下，所產生的根源性問題。覺悟者為外在，那麼本心便很難去找出一個作為「覺」的根源的可能。簡單講就是，我們把心放於外之後，要如何去覺，是一個相當弔詭的問題。雖然在祖師禪裏面，它的淨與汙是放在一個對立性與矛盾性的點來看，但唯有在此求取超越於淨跟汙之間的背反，我們才能去達到那個超越性。這即是突破背反所達到的絕對理境。而神秀卻將本心與背反分割開來、割裂開來，所以沒辦法回返到「覺」的部分，來重新認識自己，這是如來禪偏覺所造成的結果。

那麼第五點就是工夫論的問題，心作為觀照萬物，而成為覺悟的基礎，是如何使自身保持在毫無染汙、塵蔽的狀態下，這就需要修養的過程，是不斷實踐的工夫，所以在如來禪的概念底下，就是不斷的實踐、不斷的修養，我們才能使如來藏自性清淨心給浮顯出來、呈現出來。這是在神秀的偈語裏所想要去強調與談論的部分。

吳汝鈞：你這裏就是說明神秀的偈，在理論上與實踐上的一些問題，在敘述上有些迷亂，我沒有時間一一清理。我們可以這樣看，就是神秀這首偈語所展示出來的消息，還是不錯的，有他的價值。可是從圓融的角度來看，圓教的角度來看，他是不夠的，必須還要再提升上去，他這種觀念與實踐只是在我們發心證菩提智、覺悟諸法的真相的第一步，這是在總的目的裏面的一個歷程。這神秀所提出的偈語，講的是我們向最圓融的那個境界、淨法邁進的一個歷程，光是到這裏是不夠的，可是也不能說完全沒有價值，他還是有可取的地方，那我們就是先看他有甚麼價值與意義，然後再看他不足的地方在哪裏，然後我們就比較容易理解，為甚麼在他以外，還有慧能那種禪法出現，這樣就可以很清楚，是吧？

我們就先從偈語本身來下手，看它的意思與它所釋放出來的訊息，就是我們求覺悟得解脫的那個目標，就是在這方面，它偈頌提出甚麼訊息。我們把神秀的思路、思考的型態了解過以後，我們再檢討，他這麼一種思考的形態，或者可以具體的說是實踐的方法，是不是最理想、最完整的方法。因為我們的目標是放在圓教，那神秀這種講法，跟理想的圓融境界，有沒有距離，如果有的話，那個距離在哪？問題在哪？這樣說才清楚。所以我們也不會一下子就抹煞了他的意義，他所提出的意見，可是也不會跟著他說，以為他所說的就是最理想的、最完整的思想，特別是在工夫論這一方面。

所以我們先給他一個定位，我們說神秀的那種禪法、那種修行，是屬於漸教的，是 gradually，漸漸的進展，不是頓然的覺悟，我們就從他的這首偈看出來。不過我們先了解清楚就是漸教有漸教的好處，頓教當然也有頓教的好處，我們不需要為了成立頓教而把漸教排除，因為這跟現實有很密切的關係。現實裏面很多很多眾生，有些是根基比較好，了解能力比較強，另外一些就是根基比較差一點，不可能馬上就了解某一種思想，你需要給他時間，讓他漸漸消化，漸漸消化某一個系統的思想，最後有一個比較完整的了解。所以漸教也有他的貢獻，就是吸引那些悟性比較弱，在理解方面比較粗略、比較慢，對這種眾生來說，漸教是好的一種教化方法。對那些根器很高，領悟能力很強的眾生，我們就不需要用這種漸教的方式，而改用頓教的方式，特別是用圓教的方式。因為漸悟跟佛性偏覺有直接關聯，而頓悟則跟佛性圓覺有直接的關聯。所以神秀跟慧能就代表在禪裏面，兩種在觀念上、工夫論上不同的做法與不同的見解，那我們看神秀這首偈，就是身是菩提樹，心如明鏡台，他這裏是通過比喻：analogy 的方式來講身跟心，然後再講他

們兩者間的關係。他說身是菩提樹，就是拿菩提樹來說我們的身體，菩提樹是印度人以為本來就有一種清淨的性格，他所發出來的訊息，是一些跟我們智慧、領悟真理的智慧有關係的。他以植物，以植物裏面的菩提樹來做比喻，比喻我們的身體。你們在中學的時候，念國文有沒有念到周敦頤一篇很短的文字，就是〈愛蓮說〉呢？

廖鈺婷：現在也還是必讀教材，現在還在教材裏面。

吳汝鈞：對啊，中學就有這一篇文章，學生都要讀。他也是拿幾種花來比喻不同的人的品行。他舉三種花，一種是蓮、一種是牡丹、一種是菊，他說這幾種花的風采不一樣，而且可以譬喻不同的人的品行。裏面說水陸草木之花，可愛者甚藩，然後他講到蓮有甚麼好處？中通外直，不蔓不枝，還有甚麼？

廖鈺婷：出淤泥而不染，濯清漣而不妖，中通外直，不蔓不枝，香遠益清，亭亭靜植，可遠觀而不可褻玩焉。中間還差一句，有點忘了。

吳汝鈞：你回去把課本翻出來就知道。他是用那個君子來說蓮花，那些有富有貴的用牡丹來形容。然後用菊花來形容那些隱逸之士，就是向個人的學問、德行這方面發展，專心於個人的知、情、意這幾方面發展，跟外面的世界沒有很多的瓜葛，沒有很多的交集，這就是隱逸，菊花的品性就是象徵著隱逸，不與外界多往來，主要在自己的生命裏面做工夫，陶淵明就是這種品德。所以這些都是譬喻。神秀在這裏說身是菩提樹，心如明鏡台，就是身跟心，可以說是不同功能的一些身體的部分，就是我們包括了身的這方面，也包

含了心靈這一方面，以菩提樹來配身，用明鏡台來配心，所以他這樣講就是有一種意向，把身跟心二分，裏面所引申出對象的意思就非常強。身跟心都有很強的對象性，菩提樹跟明鏡台都是具體的對象。然後關聯到身跟心方面，也一樣，給身跟心一種明顯的對象性格。如果是這樣，他就是把本來屬於我們生命內部的身與心推出去，把它們看成為一種對象來處理。所以這裏就有一種思維的毛病，就是說神秀的對象性思考比較強，把身跟心都推出去，變成我們認識的對象來處理。他把身心都外在化、對象化，這裏嘛就是在觀念、工夫、修行方面，你一落於現象化、外在化，是不好的，這表示主體與對象成為一種主客關係。主體是主體，客體是客體。這種外在化、對象化的思考，我們可以說是分析的、是分離的，不是圓融的，不是合一的。這是一點，他的問題在這裏，不是最高境界的修行，可你也不能說它沒有用，它是用在那些平凡的悟性的人身上。

然後，時時勤拂拭，莫使惹塵埃，這是講修行的方法，很具體。菩提樹也好，明鏡台也好，特別是明鏡台，它是一種鏡，很清明的鏡，可以照見萬物，可是有時候它也會給一些塵埃，或是空氣裏的一些汙點，給沾上去，結果越沾越多，如果你拿這鏡來照萬物，就不會很清楚，模模糊糊的，所以為了保持鏡的那種明覺，維持照的作用，所以需要常常去洗滌，把塵埃抹去，才能再用。如果整塊鏡面都充滿塵埃，它就沒有照明的作用，所以時時勤拂拭，莫使惹塵埃。這種修行的方式，是漸教的作法，一種漸教修行的方式。你如果能夠常常去拂拭明鏡，那你就能夠對萬法萬物漸漸的有所認識。這很像朱子的那種講法，就是我們修行去成就學問，要一步步來做，不能一下子就從無知到全知，這是不可能的，你要從最

基本的地方做起，一步一步向上進展，到了最後，就能夠領悟整個道理，是吧？朱子就是採取這種方式來修行，作一種道德的實踐。可陸九淵跟王陽明就不一樣了，他們強調那種本心、良知，那種一下子爆發出來的智慧，然後就明白到終極真理，跟朱子不一樣。所以這神秀跟慧能不一樣，慧能是像陸象山、王陽明那種形態，而神秀就像朱熹那種形態。

如果你們對宋明理學有比較深的了解，就會知道他們最大分歧的地方在哪裏，而這分歧就讓他們給分成兩派，就是程朱一派，陸王是另外一派。程朱是講理，陸王是講心。而程朱這程是指程伊川，不是程明道。程朱講的理，是就漸教來說，一步一步來提高對理的了解。那陸象山跟王陽明就不一樣了，陸象山講本心，王陽明講良知，都強調我們一下子就能把握真理，智慧一下子就能爆發出來，把握到終極真理。

所以神秀偈前兩句是譬喻，後兩句就是說工夫修行的方式。這首偈有沒有問題？我們這樣解讀，有沒有不清楚的地方？薛錦蓮，妳是不是都了解了？

薛錦蓮：後面兩句，是不是在他發現有狀況的時候，是不是就要常常反省、常常檢視呢？

吳汝鈞：那妳要說的是怎麼樣，這兩句？

薛錦蓮：我有疑問的是他的身跟心本來是清淨的，時時勤拂拭，莫使惹塵埃。就是我們不要它有任何染汙，只是說我在看他這兩句的時候，他雖然前面這兩句寫說它本來是清淨，但是似乎有一些沾染，所以才要提醒我們不斷地要去拂拭它，可是我覺得有一點奇

怪？

吳汝鈞：哪裏奇怪？

薛錦蓮：就是東西染灰塵你去拂拭它是應該的，但是你一開始就說它其實是一個清淨的明鏡，那在甚麼樣的條件下你要自己去拂拭它，就是在實踐的方面你要去觀察它，也就是反省跟領悟，你才會回頭去發現那個染汙，它才會被拂拭掉。

吳汝鈞：所以就是說我們要常常去反省，反省菩提樹、明鏡台，或者是說身跟心，看看它們有沒有受到外在的一些塵埃所影響、所遮蔽，然後就馬上處理。妳提反省這個字眼也不錯，反省本來就是一種漸教的方式，最明顯的例子就是《論語》。《論語》裏面曾子說：「吾日三省吾身，為人謀而不忠乎，與朋友交而不信乎，傳不習乎？」這幾句話很有意思，是反省的意味，而且你可以從他這反省看到，他是把這個道德的實踐放在第一位，然後知識的學習是放在比較後面的地方。你說為人謀而不忠乎的忠，與朋友交而不信乎的信，這忠信啊，都是道德實踐的項目，是吧，它是屬於道德實踐上面的表現。然後傳不習乎是老師上課講了一些東西，你有沒有回去溫習，這是對知識的一種吸收，一般人可能沒有注意到這點，其實它這裏已經預設了道德跟知識相比，道德是比較重要，知識是次要。

　　慎思，這是我從日本帶來的甜點。

瞿慎思：謝謝老師。

吳汝鈞：應該很好吃，妳沒有血糖的問題吧？

瞿慎思：沒有。

吳汝鈞：那就把它吃完。

瞿慎思：那老師能吃嗎？

吳汝鈞：我不能吃。好，這點就是有關偈語，然後……

薛錦蓮：老師，我有問題？

吳汝鈞：嗯？

薛錦蓮：就是講義後面，我看課本的四百三十六頁，就是老師提到了純粹力動現象學，我剛在看老師是說心是作為終極原理的純粹力動，然後倘若這心是超越的明覺心，則純粹力動直貫到生命主體中而表現為睿智的直覺。我剛看到這邊就突然間想到，這樣的心的理論，可以理解，可是實踐法門似乎就沒有像宗教方面明顯，比方說像禪宗就講靜坐為一個實踐法門，我在看這段，忽然想到是不是有一個實踐法門可以去加深理解它呢？

吳汝鈞：甚麼實踐法門？

薛錦蓮：就是對純粹力動這個東西，有沒有一個甚麼樣的實踐法門，可以讓我們更深入理解它。就是用一個實踐方法，還是它只有在哲學體系上才出現？

吳汝鈞：因為我們說純粹力動，是一種所謂終極原理，而且就是我們對於真理或者是原理的一種比較周延的表達方式。如果你只是說絕對無，那就是偏於虛的那一方面，它有一種危險，就是讓我們順

著它那種無、那種虛的意味一直發展，到最後就會出現虛無主義這個毛病。虛無主義是一種不健康的人生態度，以為整個世界是一無所有、一無所是，所以無論你做甚麼努力，去幫助別人，都是沒有真正的價值，都是虛無，過了就過了，所以這問題很重要。然後如果你是強調那種實體主義，強調那種絕對有，虛無主義是非實體主義，絕對有就是實體主義，那這個絕對有，它是通過以正面的方式來講終極原理，這很好。表面來看是很好，然後你說一切萬物萬法的基礎都是絕對有，那萬物萬事都以絕對有作為基礎，因為絕對有是一個形而上的實體，如果萬事萬物都以這實體為基礎，他們都會分享絕對有的那種實在性。這沒有問題，應該是沒有問題。可是宋明儒就講實事實理，他們說佛教講虛事虛理，虛空的、不真實的，我們講的就是實實在在、有實在性的那種事物，所以他們就提出一種實事實理的表達的方式。可是現在有一個問題就是說，你說萬事萬物是實，那實到甚麼程度？比如說我們從常識開始。我們面對的這個世界周圍的環境有些是很硬的、很實的，有些就是很虛的，沒有那種立體感，你碰一下它就好像《金剛經》裏面講的那個泡沫，泡沫裏面是甚麼都沒有，它只有一個泡泡，你用手指去把它點一下，那個泡泡就穿了，就消失了，這樣子。我們周圍的環境的那些物體，有些是很脆弱的，不堅固的，有些是比較堅固的，再有些就是非常堅強、堅固的。那這三種如果我們從硬性來看，就是有三種不同的硬性的東西。那甚麼東西是最硬的呢？你們念過化學，化學不是講種種不同的元素麼？講它的那個密度，黃金密度就很高，好像有十九還是二十倍，是跟水比較，我們人的身體就跟水差不多，那個……怎麼講，就是平均的重量，所以人在水裏面是浮浮沉沉，因為兩者的密度是差不多。你如果到海裏面去游泳，你就比較容易

浮起來，如果你到游泳池去游泳，你要浮起來就比較難，因為海水跟游泳池的水不一樣，密度不一樣；海水有很多很多的鹽分，很多不是水的東西，它會把海水的密度提高。游泳池的水只是 H_2O 而已，密度比較低。所以你如果喜歡游泳，你就有這種經驗，在游泳池裏面游泳是比較容易沉下去，在海裏面游泳就比較容易浮上來。所以我現在要問，世界上的物質，哪一種東西是最硬？或者說最實？最堅實的東西是哪一種？

瞿慎思：鑽石。

吳汝鈞：對，就是鑽石。它是最硬的，很難打碎。如果你這個實理實事程度不斷的增強，到了金剛石的那種程度，你就很難改變，很難把它打破，再把那些原料做其他的東西。我的意思是說，你講這個實，這實應該有一個程度，不能太實，太實的話你就很難改變它，像金剛石一樣，因為它是非常堅實，你就很難把它打碎。同樣如果我們生命裏面的一些性格、一些迷執、一些冥頑不靈的性向，向堅實這方向不斷發展的話，那你就很難改變它。實事實理，實得過了底線，你就不能改變它，如果是這樣的話，那宗教的轉化、道德的教化，就沒有效了。

　　譬如一個人，做了很多壞事，他的惡性太強，不能夠轉識成智，你便很難把他轉化，實到這個程度，那他就沒有希望了。就是你如果有病，你這個病，如果是一種非常，恩……，甚麼病是最難醫治啊，很難改變，像愛滋病、癌症，這種末期的疾病，很難有醫治好的機會，所以你如果實到這種極限的話，那問題就出來。所以我常常想，就是宋明理學家，強調實體的天道、天理，然後當代新儒家也強調那種有創生性的實體，他們好像沒有想到天道天理所創

生出來的實事實理，這實的程度，是不是應該規定下來，就是有一個底線，或是有一個限度，不能超過某一種實的程度，不然的話，他的品行就很難改變。如果是人，他有疾病如果是很實很實的，沒有辦法減輕的，不管你用甚麼方法都不能改變他，因為他太實，一個人如果有病就永遠有病，你不用期待有痊癒的一天，病就是病，然後就過世。所以他們講實事實理，本來是很好，實實在在的，不是虛妄的，是實有其事，可是這實也要有一個上限，過了這上限，太實了，就很難改變。

你們念過宋明理學，有沒有想過它講這個實事實理，如果實到不能改變的程度，那就會帶來一種所謂常住論，就是它一直都是存在在一個堅實的狀態，不能改變，在哲學上就叫常住論。如果你有這種常住論傾向的話，那你的哲學就失敗了，不能說明人生，也不能說明世界，一切都是常住、有自性，像佛教所講，不是空，而是有自性，那就慘了，很麻煩的。

一個人的惡性如果是常住的話，你就不能化解他的惡性，讓他轉惡為善，因為他的惡性太根深蒂固，你沒有辦法把他改變，所以講絕對有、講實體主義就有危險。在那些學者的書裏面好像沒有討論這個問題，他們常常強調道德實體，道德形上學的基礎，就是道德實體，這道德實體有創生萬物的作用，它那種實在性，也分流到萬物裏面去，到這裏是很好，萬物就有實在性，不是虛妄的，不是空的。這很好，非常好，可是你那個實在性如果是太強，強到不能改變的程度，那就很糟。

我是覺得這問題很明顯，怎麼他們都沒有注意這問題呢？像牟宗三、唐君毅他們寫了那麼多書，講那種道德形上學，強調那個實體，道德實體，是吧？道德實體能生化萬物、創生萬物，那個實體

能創生萬物，很自然它的實在性也貫徹到萬物裏面去，然後我們就說萬事萬物是實事實理的，以它的真實性來說。可這個實性的觀念，要有一點限制，不能超過某一個程度，不能讓它發展成為常住論。所以從這邊來講，虛無主義固然不好，常住論也不好，所以佛家就講中道、非有非無，這樣講也是有他的意義在。

然後你在第二點講到，神秀的心是超越與經驗的對立，時時將染汙本心的事物給排除掉。如此對立後，我們就很難去談心的內在性，心若不內在於人，則我們可以分解出真實無妄的本心，卻不能去關連到一個實在的經驗世界。你這一段好像意思不是很清楚，你最後說不能關連到一個實在的經驗世界，這個實在的經驗世界是好的世界還是不好的世界呢？

吳嘉明：經驗也有分好跟壞？我不太清楚這個……

吳汝鈞：因為一切感性的對象，我們都把它們放在經驗界裏面。經驗界裏面這些東西是我們日常所接觸到的那些現象性的事物，這本來是中性，無所謂好跟不好，只是你處理這經驗世界這方面就大有文章。例如說佛教對經驗世界的態度是不捨不著，不拋棄這經驗世界，也不執著這經驗世界，就是不捨不著，這就是他們所說的中道。所以這經驗世界是我們生存的環境，我們生於斯、長於斯、死於斯，我們應該用甚麼態度看待經驗世界，便大有文章。那你這段的意思好像不是很清楚，就是神秀的心是超越與經驗的對立，這沒有問題。神秀講的心是超越的心，是 transcendental mind，然後時時將染汙這心的事物給排除掉，這是因為要保持它的超越性，所以要排除種種現象的、感性的、經驗的東西，這也沒有問題。你這裏提出對立，是經驗跟超越的對立，我們就很難去談一個心的內在

性，你這裏所講心的內在性，我覺得有點模糊。心在甚麼東西裏面有它的存在性，這也可以說是心的內在性，心若不內在於人，則我們可以分解出真實無妄的本心，這好像意思不是很清楚。你們怎麼看，你們能不能了解，他這一段的意思是甚麼？神秀的心是超越的，沒有問題，因為是超越的所以跟經驗有一段距離，所以是分開的，這也可以了解，有一種對立，就是超越跟經驗的對立性，這很好，不錯，也可以了解，可是這心的內在性，我就覺得很難去……

吳嘉明：這邊我想要提出來的就是，神秀談的那個自性清淨心，沒辦法呈現超越而內在的意思，它是有超越意涵在沒錯，但是因為他把它這樣的心給脫離出來了，使它成為一個外在於人的獨立客體，所以失去了放在內在而使人產生「覺」的可能性。我這裏是想要提出這一點。然後所謂實在的經驗世界，我是想要把它跟虛妄的經驗世界，就是說把經驗世界視為虛妄的角度看的方式給區別開來，就是在這樣的對立底下，說它是實在的。雖然說他是確立了本心，但是與這樣的經驗世界它卻沒有直接的關係，就是確定了一個超越的本心的存在，但對經驗世界它卻沒有認知的可能性，它少了這一點。所以我說他可能不會把世界當作虛妄的，但卻無法去證成它。沒辦法證成這樣的現象世界。簡單講就是雙方沒有交集，超越的本心與經驗世界沒有交集。

吳汝鈞：你這意思我知道，可是你在這裏沒有寫清楚。你的意思是說，超越跟經驗這兩個世界不應該完全分離開來，這兩界有交集，我們可以說超越的心可以涵容經驗的那些成分，而經驗那方面的世界，也可以給一些有超越性的因素所熏習，所改變。是不是這樣？這樣就比較好解，就是神秀他有這樣的問題，他把經驗跟超越分得

太清楚，就是經驗歸經驗、超越歸超越，沒有甚麼交集，兩界沒有一種互相涵容的關係，這可以說得通。這裏有沒有問題呢？

薛錦蓮：可是我覺得有交集耶，因為他有……

吳汝鈞：甚麼？妳認為它們兩個世界應該有交集？

薛錦蓮：我覺得它們是有交集到的，並沒有完全跟剛剛講的身心分得那麼清楚、徹底，我覺得這邊所說的經驗跟超越是有交集性的。

吳汝鈞：妳是說有交集才好？沒有交集就是？凱撒歸凱撒、上帝歸上帝這樣？

薛錦蓮：我覺得不管是哪一個層次幾乎都會是這樣，經驗到後來都會是一個超越的過程，只是你一定要有這樣的經驗之後，你才能體悟或是領悟超越的過程到哪裏，只是至少在神秀的偈頌這地方，我覺得它們兩者沒有真的分開，他其實還是有搭到，只是他在身跟心的部分描述得比較有分離性，這是我的看法，我也不確定對不對。

吳汝鈞：不過這首偈，這四句，我覺得好像還沒講完，就是說你做了這實踐以後，那你應該對經驗世界有一個交代，如果你用他這裏所說的時時勤拂拭，把它擦乾淨，就是去掉塵埃。可是塵埃也是經驗世界的東西啊，把它都擦去了，變成明鏡台，總是變成一種超越，或者是超離的狀態，這就不好。就是說，你如果把塵埃只視為一種阻礙我們的明覺、心靈的明覺作用，所以就把它拿掉、磨掉，這可以說。那如果你把塵埃看成是經驗世界的一些東西，進一步把這塵埃看成為經驗世界的代表，如果你這樣了解，然後說要把它抹掉，這樣就有一種超離的狀態。就是說你那個世界，你心靈裏面所

擁有的那個世界，是完全完全清淨無染的，可是你生活的環境有很多很多虛妄的、染汙的東西，你如果是待在這麼一種環境裏面，那你應該怎麼做，就很難講。

神秀好像沒有講到這裏，這首偈我覺得好像話還沒有講完，剛才我說的那種情況，他也沒有提出來，更沒有作回應。就是說我們承認在這經驗世界、在這感覺的世界裏面，有很多染汙的因素，可是我們是不是因為這個經驗世界裏面有染汙的因素，而我們也不容許染汙存在，所以就把整個經驗世界給拋棄不管。如果是這樣，那就不好，因為經驗世界基本上我們可以說是中性的，他可以當成一種工具，就是看你怎麼運用，它是中性的。譬如說核武，是吧？現在北韓已經有核武，所以美國就很擔心，將來會不會有一天北韓發射一個核武到洛杉磯，所以核武可以殺人，核子的研究，可以殺人，把它設計成武器，那就很危險。可是核子也可以產生能量，就是我們一般說核子的能源，它有很多很多方面的用處，特別是核子發電，你可以想像整個世界如果沒有核子發電，那整個世界就是黑暗的，沒有光明。全看在你們怎麼想。我們對待經驗世界，應該有一種有選擇性的程序，就是說經驗世界裏面有正的因素，有負的因素，我們所要克服、排除的是負面的因素，我們不需要排除正面的因素。我們不應該因咽廢食，咽就是咽喉，會容易出事，所以盡量不碰它。可是你還是要吃飯啊，你不能夠因為有這危險就不吃了，飯也不吃，水也不喝，甚麼都不吸收，神秀就沒有提到這方面的問題。在我們農村裏面有一句俗話，就是斬腳指，避沙蟲，有沒有聽過？因為每個人都有十個腳趾，沙蟲就是一些危險的，會傳染疾病的小蟲子，它常常待在你的腳指裏面，會讓你的皮膚出毛病，走路也會覺得很痛，那我們處理的方法就是儘量不要讓沙蟲進到你的腳

趾上面去，而不是把你十個腳趾都砍掉，以為砍掉以後，那些沙蟲就沒有地方可以埋藏了。

你這裏第三點，以佛教的「四智相應心品」做對應，神秀對於心的理解，乃是置於平等性智，是觀照諸法或種種事物所共同具足、分享的性格，若清淨心能在此狀態下保持運作，則可以發揮出妙觀察智的作用，用以觀照事物的緣起，照見事物的特殊性格，如此本心就能綜合兩點，發展出大圓鏡智的功能，為萬事萬物興起觀照之心，理解事物的普遍性與特殊性。但唯有成所作智對於神秀的本心並不是太相近，因成所作智所涉及的是對於經驗世界的建立與認知，就清淨心的純粹性來說，對於經驗世界的關切性並不是太強烈，故只說它與成所作智並不是太相應。你這一段講的有點模糊，意思不太清楚，因為一方面你講轉識成智，就是「四智相應心品」，唯識學裏面的一種講到修行所提的理論，這種思想跟神秀的禪法，很難拉上關係。然後你在這裏所說的那個平等性智、妙觀察智、成所作智和大圓鏡智，它的意思你也沒有很清楚的交代，是吧？因為這轉識成智、四智相應心品有很明顯的文獻的根據，就是在《成唯識論》後面，它講到怎麼樣去做實踐，作宗教的實踐，怎麼樣去得到覺悟、解脫，然後讓自己的覺悟、解脫這些好處跟別人分享。所以我覺得你這裏那麼快就舉轉識成智來說明神秀的解釋，不是很恰當。除非你把原典拿出來，解釋它原本的意思是用在甚麼方面，然後再看神秀的覺悟，看它在四智的判準裏面有沒有要改進的空間，這些你都需要先交代，才能做這個比較，這不光是你在解讀這首偈頌時要這麼考量，你以後寫文章，包含寫博士論文都要儘量避免這種情況出現，你的描述不夠清楚。比較謹慎的方法就是如果覺得很難描述，就乾脆不講，就沒有錯誤。那你講四智相應心

品，你的了解是根據甚麼文獻呢？

吳嘉明：這一整段，其實是先就老師在裏面所引到的文獻，作相關的解釋，我在描述上沒有很清楚的把老師的文獻解釋清楚。

吳汝鈞：我的書上應該還可以，有文獻的出處與交代，應該是有的。

瞿慎思：就是在唯識現象學裏面。

吳汝鈞：是吧。你要處理就應該在這方面注意這些問題，不要太粗疏，不緊密。第四點你談到覺，你說作為對於超越本心做工夫的主體，如何對外在的本心做認識與修養，這是在身心未能同源之下，所產生的根源性的問題，覺悟者為外在，那麼自己便很難去找出一個作為「覺」根源的可能。恩，你是說覺悟者應該是內在才行，如果它是外在的話，那自己就是很難有一個作為覺的根源的可能，你這裏要表達的是？

吳嘉明：偈語裏面談到時時勤拂拭，勿使惹塵埃，在神秀的概念裏面，這個是能拂拭者和被拂拭者的問題，因為在自性清淨心的概念裏面，它的假設是外於自我的一個自性清淨心，但是怎麼樣的對象需要被拂拭，以及是誰需要拂拭這樣的東西，在偈語裏面並沒有交代清楚。

吳汝鈞：拂拭是指？

吳嘉明：擦拭，就是時時勤拂拭的拂拭。

吳汝鈞：喔，把它擦掉了，就是排除掉塵埃跟外在經驗，講了半天

我聽得不太懂。（笑）

吳嘉明：在這樣的概念裏面，被擦拭者並沒有被說明的非常清楚，所以這說法的困境就是沒辦法談覺悟是在甚麼東西上發生，甚麼東西被覺，這是這偈語裏面沒有談出來的事情。總的說，應該是缺乏活動主體的問題。

吳汝鈞：這個意思倒是有道理，不過你講的不夠清楚，就是說在一個宗教實踐的活動裏面，我們首先要建立一個實修實證的主體性，然後就看這個主體性怎麼活動，怎麼進行它宗教的實踐，這點不錯。可這個偈語沒有提出主體性，你的意思是這樣吧。

吳嘉明：對。

吳汝鈞：所以這樣不是很完滿。其實它這偈裏面是沒有明白的講出來，可是意思還是可以猜到，就是說你作為勤拂拭的當事人，你要時時勤拂拭自己的主體，不要讓它染了塵埃，所以這時時勤拂拭啊，在文法上是沒有主詞，誰去時時勤拂拭，沒講啊，可是背後作宗教實踐的當事人，那主體性，就是你這裏所說的覺悟的主體，或者是求覺悟的主體，你可以說他這裏沒有明白提出求覺悟的主體，所以這就不是很完整的意思。其實那是他用詞不是很好，他說時時勤拂拭啊，沒有說明是誰去拂拭，那當然是宗教實踐的當事人，他的意思是埋藏在句子背後，埋藏在背後，你從我們通常講的那種文法來看這一句，它就是不完整。沒有主詞，時時勤拂拭，到底是甚麼人沒有說出來。不過它是偈，每一句都只有五個字，所以他有這個問題，身是菩提樹，心如明鏡台，宗教實踐者作修養的工夫，應當時時勤拂拭，這樣講很順，可是不成一句完整的偈。

吳嘉明：這邊涉及到的是能不能活動的問題，就是它的自性清淨心能不能活動的問題。

吳汝鈞：嗯，它這邊力動比較弱，佛性偏覺的這活動都比較弱，缺乏動感。佛性圓覺的佛性，動感就比較強。所以從宗教的角度來看，有沒有動感，或是動感夠不夠，都是很重要的問題。譬如說，我講這純粹力動，我說它是一種超越的活動，它本來就是活動，本來就是一種作用，這力量就在裏面。京都學派所講的絕對無，它就沒有這個意思，它那個動感就是建立不起來。這是絕對無。絕對有因為是實體，動感可以說出來，可以建立，而且非常剛勁、強悍。絕對無就不行，因為他是非實體，不能講實體，沒有實體哪有力量呢？所以我是受京都學派很大影響，多方面影響，可是就是這點我不能同意，不能接受以絕對無作為終極原理，來開拓整個世界，再發展種種的文化活動，像是宗教、道德、藝術、科學這些。你光是依佛教講的普渡眾生就不夠，普渡眾生是一種大事業，世界上有那麼多眾生，你要普渡他們，那你就需要有很強很強的動感，才能擔起這個重任。你如果講不出那個動感，你那套理論就有弱點。在佛教講空，在空裏面很難說動感，可是另外一面它又說要普渡眾生，那問題就出來了，就是你以空為性，就是性空，又說要普渡眾生，普渡眾生要很大的力量才行，你如果沒有實體，沒有精神實體，那你的力量從哪裏來？這點熊十力在當年就提出來，所以他在《新唯識論》，就用大易、實體流行生生不息來代表，代替佛教的空。可是他這樣也解決不了佛教的問題，他是用儒家來取代佛教，熊十力是一個儒家型的人物，是當代新儒學的一個創始人。他對佛教的批評可以說是批出它要害的地方，它致命的弱點，就是在這裏，你不

講普渡眾生，這問題就不會出現，因為你自己講只是講自渡不講他渡，就沒有普渡眾生這個任務，那你這套哲學就可以講。可是你是一種宗教，宗教就是要教化眾生，讓他們從苦痛煩惱解放出來，是吧？不再執著那些虛妄的東西，大乘佛學所有學派都強調普渡眾生，可你普渡眾生的力量從哪裏來？這裏就沒有交代。交代不出來，熊十力這樣批評佛教是對的，他提出他如何解決問題的辦法也是對的，可是這辦法是儒家的，他並沒有替佛教提出一種方法來回應這個問題，他不是這樣，而是回歸到儒家方面去。然後就把當代新儒學整個學派都創造出來。就是說，他提出這套東西並不能解決佛教的問題，不過他那套東西還是非常有價值，他提出一種實體主義的，就是講本體宇宙論那套哲學的新唯識論，他就是憑這套思想建立整個當代新儒學，整個學派，所以他的貢獻是在另外一面。在一般的講法，你說佛教有這個問題，那你就提出一個解決方法，讓那個問題可以鬆綁，可是熊先生不是這樣做，它有提出解決的方法，可這不是佛教的，佛教不能接受，那是儒家的。你說他這樣提出來對佛教沒有幫助，這也沒錯，這真的對佛教沒有幫助，可他又另外創立了一個儒家的學派，跟宋明跟先秦有一個一脈相傳的關係，所以他還是很了不起的人物。我們先休息一會兒。

二、如來禪與祖師禪

吳嘉明：下面繼續談的是如來禪與祖師禪。自慧能以後，禪分為兩種形態，一為如來禪，一為祖師禪。如來禪是達摩、弘忍、神秀一路，是超越的分解性格；祖師禪則是慧能所開出的禪法，在思維方

式上，不同於如來禪將清淨心視為絕對純粹的主體，卻強調平常心是佛，需要對於一念識心作當下的轉化，並需要克服染汙與清淨所形成的辯證性，在不強加區別淨染的情況下，如何超越出淨染而達到正覺，此是祖師禪較如來禪困難之處。

在經典上，二者都有所根據。雖常言禪是「教外別傳，不立文字」，但是仍有所本，如來禪的所本是《大乘起信論》、《楞伽經》，祖師禪則是《維摩經》與般若系統。故在理解禪學上，它雖是中國化後所發展的特殊佛教派系，但兩者仍是在空與緣起的概念下建立起學術脈絡，並不是全然獨立於原始佛教以外的教派。

在如來禪中，其發揚者為慧能弟子神會。在思維上，他並不延續祖師禪綜合性的思考方式，而是以超越的分解來特別提出純粹的清淨心，作為成佛的基礎。他在其語錄《神會錄》中說：「佛性者，無德無生。何以故？非色非不色，不長不短，不高不下，不生不滅故。以不生不滅故，得稱為常，以常故，得稱為本。」在神會的理解中，佛性是超越的、絕對的，不能放在相對處看，故其所言乃是先從相對觀念中，分析出佛性概念，上提為超越性格，再從人生而有的常理，將佛性視為普遍皆然的本有之性，為成佛的基礎。

吳汝鈞：在這裏我們看所謂如來禪跟祖師禪。在禪的傳統裏面，有不同的講法，我們先了解一下。因為這個不同的講法，就產生兩條路，就是在修禪這一方面，有兩個方向，或者是兩個方式，一個是如來禪，一個是祖師禪。如來禪從它這個名相就可以知道了，它是關聯到了所謂如來藏自性清淨心，這如來藏自性清淨心的概念，也不是禪宗裏面的人提出來。如來藏自性清淨心本來在印度佛教的一些大乘的經典就有提到，現在我們要注意這如來藏自性清淨心是一

種在分析的、分解的脈絡下提出來，不是在一種綜合的脈絡下提出來。我們也可以這樣說，禪本來就是有這兩個矢向。

吳嘉明：就是射箭的箭。

吳汝鈞：對，就是矢，那一個矢向就是如來禪開出來的，另外一個矢向就是祖師禪開出來的。如來禪就是印度佛學裏面所講的如來藏自性清淨心，他們以佛性就是成佛的能力、功能，以如來藏自性清淨心來說。所謂如來藏就是成就如來的寶藏，就是最後能夠成覺悟、得解脫而成佛，成為如來。如來就是佛，達到這種境界的那個心靈、那個主體性，就是自性清淨心。這自性不是佛教一向所講的，萬事萬物都有它的自性，都有它的實體，不是這個意思。這裏的自性指的是他的本性，就是清淨無染、沒有染汙、清淨的主體性，一個心靈。這個如來藏自性清淨心，這樣表達是有點笨拙，不精確。用我們現代的話來講，就是覺悟成為如來的主體性，就是這樣，它是清淨的，不是染汙的，就是讓我們得到覺悟、解脫、成佛，能夠成就這宗教目標的主體性。在一般的佛教經典裏面，通常都是說佛性，不過佛性這個名相，它含有的內容比較複雜，一般來講，它就是成佛的可能性、成佛的基礎。可是涉及到成佛的方法，你是通過分解的方式來成佛，還是隨著綜合的方式，有辯證成分的那種方式來成佛，這兩條不同的路線，在佛性裏面，沒有表示出來。所以只是用佛性這個名相，太籠統，不是很清楚。如果你要把它講出來，就是說，成佛有兩個途徑，第一個就是走分解、分析的路線，就是把自己的那種本有的佛性跟那些染汙的東西分開來，區分出來，專心在清淨真如作為一個證成的對象。「證成」這個字眼很好用，這證成佛性，而成佛，就是以一種分析、分解的方式，通

過跟染汙的經驗的世界分離開來，單獨顯現這個佛性。

這佛性在印度大乘佛教裏面，最原初的講法，就是如來藏自性清淨心。這個名字也很麻煩，因為這裏特別強調自性清淨，就是說這佛性本來是清淨的，自性清淨就是它自己那種性格是清淨無染的。問題就是，這清淨無染的佛性，或者是主體性，在現實上常常跟那些染汙的東西合在一起，被它們圍繞，所以我們第一步要先把清淨的主體性確認出來，然後再讓它拓展、開展，達到成熟的階段，從一種隱蔽的狀態變成一種顯現的狀態。如來藏自性清淨心如果能夠充實飽滿的朗現出來，用牟先生常用的話語，就是充實飽滿的把它朗現出來，也不是把它朗現，而是自己朗現出來，因為它自己是最高的，它之上就沒有一個比它更高境界的東西，所以就是它自己自動的把它的清淨的性格，充實飽滿的朗現出來，這種禪法，這種覺悟的方法，就是如來禪。所以如來禪有一個很明顯的基本的條件，就是說，因為它本來就是自性清淨，可是它所存在的環境，裏面有種種虛妄染汙的東西，所以我們需要把它從種種虛無的、虛妄的、染汙的東西，分開出來，然後確認它就是覺悟的主體。在這裏談到如來禪，是指佛性偏覺的那方面的路向。那在禪裏面走佛性偏覺的有哪一方面的禪呢？我們可以說，初期的禪法，就是由達摩到四祖，就是達摩、惠可、僧燦、道信這幾個人，他們都是如來禪。有時候我們也把弘忍加上去，不過弘忍的思想，好像是介乎如來禪與祖師禪之間，所以你可以說他是如來禪走向祖師禪中間的一個過渡，或者是說一個媒介，這個有文獻上的根據。禪雖然說「教外別傳，不立文字，直指本心，見性成佛」，它說不立文字，其實它的禪法有經典的根據，那是甚麼經典呢？如來禪方面來講，它的經典的根據就是《楞伽經》，從達摩到道信，基本上他們

講禪法的經典依據就是《楞伽經》。然後到了五祖，漸漸從《楞伽經》轉到《金剛經》、《心經》、《般若經》一類般若文獻。所以《般若經》跟祖師禪關係比較密切，跟如來禪沒有那麼密切。慧能作為祖師禪的重要人物，他覺悟的機緣，他覺悟的契機，是甚麼呢？

瞿慎思：他聽到《金剛經》。

吳汝鈞：對啊，他聽到《金剛經》，五祖跟他講《金剛經》，聽到他講到「應無所住，而生其心」，然後大悟，智慧的火花就爆出來了，就通了。所以五祖一方面承接前面四個祖師的禪法，他自己也有一點開創，在文獻上把重點從《楞伽經》轉移到《般若經》。在印度方面講如來藏自性清淨心有很多經論，《大乘起信論》應該是屬於這個路向，然後還有《如來藏經》，還有《勝鬘經》，它們也是講如來藏自性清淨心。就是一個系統，是很多經論的組合，它們所講的，所要發揮的就是如來藏自性清淨心，闡明它的存在性跟怎麼實現、怎麼顯現，充實飽滿的朗現出來，讓實踐的人最後能夠成就覺悟，得到解脫。

　　這裏嘉明也提到《維摩經》，這有點問題。你說如來禪所本的是《大乘起信論》、《楞伽經》，嗯，沒有問題。《維摩經》應該屬祖師禪，你也把《維摩經》放在如來禪裏面，有點問題。《大乘起信論》、《楞伽經》還有我剛剛提的《如來藏經》、《勝鬘經》或者是《勝鬘夫人經》，都是講如來藏的。這《勝鬘夫人經》把經典推到當時一個大居士，女性的大居士上，在印度佛教裏面，男性的大居士就是維摩詰，女性的大居士就是勝鬘夫人，她的說法後來給集合起來，成為《勝鬘夫人經》，因為她這些說法都是根據佛陀

的基本思想發展出來，所以我們也可以說《勝鬘夫人經》就是佛陀講的一部經典，像《維摩經》一樣。

然後就是祖師禪，祖師禪是後起的，怎麼說呢？就是祖師禪一方面以佛性作為根據，而發展出來的那種禪法。它有一個特點，就是它是動感很強。所謂動感很強就是說，祖師在教導僧徒覺悟終極真理的這一方面，採取一種頓然的、當下的一種方式，這種方式常常都是很激烈，那種激烈的動作，主要表現在兩方面，一個是棒打，打到你頭昏眼花，幾個月都癡癡迷迷的，然後才覺悟，所以這種禪法是有點殘忍。那另外一種就是喝！大叫一聲：「嚇！？」

瞿慎思：果然很有動感。

吳汝鈞：這麼大聲喝，有甚麼作用？不是隨便提出來，到了祖師的地位還要這樣粗暴的罵人，很不斯文的，可是在這裏它是有一種很實際的作用，把你心裏面的一切虛妄構想、邪念、雜念都給你震破，就是大喝一聲，把你生命裏面所有的虛妄、迷亂給震破、打掉。要在甚麼時候喝，或者是甚麼時候用粗暴的方式來對付那些僧徒，不是隨便甚麼時候都可以提出。這種教法，它是在某一個成熟的機緣，就是生徒的修行一天一天進步，到了一個將要水到渠成，或者是瓜熟蒂落的時候，它就是需要一種導火線，需要祖師方面的一種粗暴的行動、粗暴的話語，來作為一個契機，讓你的智慧從一個常識的層次，爆發出來，這就是祖師禪。如來禪他們所講的那種覺悟，是比較平穩的，比較安靜的，沒有吵吵鬧鬧，沒有罵人的，也沒有打人的，是吧？達摩是怎麼覺悟的呢？

瞿慎思：在山洞裏吧。

吳汝鈞：對啊，他面壁九年，不吃不眠不休，就是面壁九年。這是故事，不一定是歷史。他是修頭陀行。所謂頭陀行就是一種苦行，是儘量讓自己的身體受到迫害，受到摧殘，他們認為用這種方式，就是用自我摧殘的方式可以抵銷以往的惡業，這就叫頭陀行，通常我們也說它是苦行。初期的禪法，那幾個祖師基本上走頭陀行的實踐方法。祖師禪他們就很少用這種方式，他們那種覺悟的經驗就是充滿了動感，也充滿一些你可以說意味非常深遠的話。常常要你自己猜想、推敲到底他這麼一種動作，或者是喝出一個粗暴的語句，這種讓僧徒豁然覺悟這麼一種啟發，教導僧徒的方法，有甚麼用。這種方法就是祖師禪的方法。這個祖師我們通常都是指慧能，也有人把它說成是馬祖，或者是其他那些屬於慧能系統下的祖師。所以這些祖師到底是指誰，通常就是指慧能，你把它說成馬祖、臨濟也可以。他們通常都是用一種粗暴的方式，其實慧能也是蠻斯文的，只是在很少的情況下，他才有一些激烈的動作。馬祖他們就不一樣，他的動作比較強烈，就是棒喝。棒喝有兩個典型的人，棒，指涉德山禪師，德山禪師常常拿那根棒打來打去，打人啊，打他的生徒，把他打的不死不活的樣子，讓他的同門師弟師兄把他抬到後面，去敷藥，減輕他的痛苦，然後過了一段時間，或者是很快的，他就覺悟了，所以你給人這樣打還是有意義的。

另外有一種就是他對一些問題提出一些莫名其妙的答案，僧徒問祖師一個問題，他就提出一種根本跟你的問題毫無關聯的一些答案，一些話語，可能也表示一些讓人感到迷惑的一些動作，這就是祖師禪。非常充滿動感，而且往往就成為一種公案，你要求覺悟，參話頭公案是一種有效的方法。這方面有很多很多例子，其中很多人都拿來講的就是南泉斬貓的公案，南泉就是普願，屬於慧能那個

系統的。南泉是一個大祖師，如果你們沒聽過我就在這裏講一下。有一次，南泉師傅要出來講課，兩堂的弟子就坐得很端正，很認真，準備聽南泉的開示，可是那次南泉就捕捉了一隻貓，抓老鼠的貓，左手抓了一隻貓，右手拿了很銳利的刀，對弟子說，你們快說快說，說不出來我就把貓砍死，這樣。通常一個祖師叫你說甚麼，主要是問你怎麼樣才能體證到終極的真理，怎麼樣才能成覺悟，得解脫，那你要能提出一些相應的答案，才能證明你有沒有覺悟。這樣大家就靜下來，沒有人提出甚麼答案，也沒有人講話。南泉禪師就說，既然你們都沒有話講，我就履行我的諾言，結果他就把這隻貓一刀砍死了，大家都不知道為甚麼貓運氣那麼壞，牠也沒有犯甚麼罪，怎麼一刀就被祖師砍死了呢？本來他的座下有一個大弟子叫作從諗，趙州從諗，他喜歡游方，到處去訪問那些得道的僧人，向他們請教禪法。那趙州雲游回來，有一個弟子把這件事情，就是南泉斬貓的事情講給他聽，趙州聽了以後也不講話，就把鞋子脫下來戴到頭上，戴在頭上的應該是帽子不是鞋子，鞋應該穿在腳上，你戴到頭上就是不對，這就跟一般人不一樣，然後就跑掉了，一句話也不講。然後生徒就把這個情況，這莫名其妙的情況告訴給南泉祖師，南泉啊就拍了一下桌子，說哎呀，如果趙州當時在場的話，這貓就不會枉死，然後就跑開了。這生徒也被搞得莫名其妙，不曉得他到底是講甚麼，這就成為一種公案。很多人都在推敲，到底為甚麼趙州會有一種很怪的行為，又為甚麼南泉會有這種反應，就是說如果當時趙州在場，貓就不會枉死呢？

它就是這麼一回事，我最初看這個公案，也覺得莫名其妙，不曉得為甚麼有這樣的現象。當時我還在香港浸會大學教書，有學生寫一篇畢業論文，他們要找教授作指導，有一個同學就找我，她寫

禪的論文，找我當指導教授，當時她就提這個公案給我，問我這是甚麼意思，請你說清楚，他這樣問我。因為你是當她的指導教授，你不能說不出來，這樣就構成我很大的壓力，你非要講一些東西不可。

瞿慎思：老師你可以把你的鞋子放到她頭上。

吳汝鈞：對啊，但學生也不見得會了解。她給我這麼一種很大的壓力，我就很用心很集中的去想，後來就想出一個答案，就是說你不把鞋子穿在腳上，而把它戴在頭上，就是表示一種顛倒，就是反。辯證法裏面有正反合，是吧？那趙州的意思就是說，你要覺悟禪理，不能用一種順通的方式，走邏輯的那條路來探討，不行。因為真理有很多層次，禪的真理應該是層次最高的，而最高層次的真理，不是可以用很順暢的方式，不是用邏輯的方式去把握，一定要用一種辯證的方式、矛盾的方式來了解。學禪的那條路不是順通的，不是直入，而是曲入，彎彎曲曲的，它裏面有很多矛盾，很多背反，你一定要自己努力去把這些矛盾、這些對反一個一個克服才行。這些背反、矛盾，也沒有一種固定的形態，在甚麼時候它就有甚麼樣子。矛盾啊，弔詭啊，就發生在這些現象中，當時我就這樣跟她講。後來我回家，幾天都在想這個問題，覺得我的講法還是不錯，是她逼我回應的。想來想去，覺得我主要是在他的帽子的問題，那隻鞋，把鞋戴在頭上，這是很不正常的，是顛倒的，跟我們一般的生活有矛盾，是一種弔詭的行為。在這裏我們可以了解到祖師禪這個傳統，它的那種與眾不同的風格。另外還有很多公案，就是講覺悟的那些經驗，到現在啊，特別是日本那邊，他們還是把參話頭公案，作為一種很重要的功課。當然還有其他的作法，譬如說

打坐，尤其是道元禪的那種只管打作的方式，那是另外一種。就是說你求覺悟，是隨時隨地用不同的方式都會有效，就是不會限制你非要用某一些方式不可，《壇經》裏面不是說過嗎，慧能說行住坐臥都是覺悟的機緣，不一定要打坐，你行也可以，打坐也可以，躺著也可以。這樣就把禪的那種氣氛，就是覺悟的經驗，接上了很多很多不同的、很有趣的生活現象，祖師禪與如來禪不同就在這。

　　你這裏說神會也是慧能系統的，慧能有五個大弟子，神會就是其中一個。他一方面吸收漸悟禪的對真理的了解，以一種超越的分解來看絕對的真理；另一方面又採取祖師禪頓然覺悟的方式。所以他可以說是如來禪與祖師禪的結合，他這個結合作得好不好呢，是不是應該有一種在頓悟與漸悟以外而兼有兩者特色的覺悟的方法，有沒有一個定準呢？我們可以說神會開出一條新的禪的道路。

　　神會引文的部分：「佛性者，無德無生。何以故？非色非不色，不長不短，不高不下，不生不滅故。以不生不滅故，得稱為常。以常故，得稱為本。」他這種講法，也沒有甚麼新的意味，很多禪師都是這樣講。這種講法中間有一個思考的線路，或者是思考的規矩，就是他是要克服有矛盾的東西，要突破種種的矛盾、背反，把那些矛盾、背反的兩端，譬如說生死、長短、高下、生滅，這些都是背反的兩端，把背反的兩端壓下去，克服了，絕對的境界就自然呈現、現行。這是同時的，就是說你把背反的極端克服了，你的絕對的境界，就是心靈的絕對的境界就冒上來。

第四章　佛性圓覺：天台學

一、概說

　　佛性圓覺乃是提倡覺悟成佛成立於一種對背反的突破與克服的教法。背反（Antinomie）是指兩種性格上互相對反，但在存有論上總是糾纏在一起，而不能分開的極端的（extreme）矛盾關係，如生與死、善與惡等。從宗教救贖的角度來說，這樣的背反必須被突破，才有生路可言，但是突破的方法不能以正面的一方克服負面的一方，因為背反的兩端在存有論上是對等的，沒有任何一端對對反的另一端，在存在的層面具有先在性（priority）與跨越性（superiority），它們是一個存在的整一體，是同一的事體（event, entity）的不同面向，並無所謂分開與否。解決背反的方法，只能從相對性格的兩端所造成的背反內部突破、超越上來，而此種超越的突破往往是瞬間的、頓然的。

　　佛性偏覺是透過一種超越的分解（transzendentale Analyse）確立一普遍的佛性、如來藏自性清淨心、真心或真性，作為覺悟成佛的超越的依據、基礎（transzendentaler Grund），修行者透過驅除生命的障蔽，發揮本來的明覺便能成佛。佛性圓覺走的是另一條路，對佛性的理解不是確認有一超越的清淨主體，並由這個主體承

擔覺悟成佛一事。佛性圓覺是從我們凡夫有染有淨的現前一念心說起，達成解脫、成佛之道。這是從那染淨和合的平常一念心突破、超越上來，不讓心的清淨部分離開染汙的部分，而獨顯明照世間的光耀。

吳汝鈞：這一段把佛性背反的性格提出來，也強調怎麼實踐佛性。這裏列出兩種方法，一種是圓覺，一種是偏覺。偏覺是指講如來藏自性清淨心的實現那一套學問，圓覺是講我們的佛性怎樣從種種背反突破、超越上來，達到沒有相對性格的、絕對的境界。所以在這裏我們可以看出來，覺悟是從顯現佛性，或者是如來藏自性清淨心這點來講的。如果能顯現，就可以成覺悟、得到解脫，如果不能呈現，就不能希望有覺悟、解脫的一天。

　　這裏我想解釋一下，佛性問題何以在印度佛教後期與中國佛教整套學說出現呢？因為在佛陀的時代，如《阿含經》（Āgama）等文獻都沒有佛性的概念。也就是說，在釋迦牟尼的年代，他自己與他的弟子好像都沒有提出佛性的問題，他們主要講三法印、四聖諦、十二因緣這幾項。三法印是從三面印證終極真理，或顯現真理，三法印是「諸行無常、諸法無我、涅槃寂靜」。諸行無常，「行」就是心念、心之行，是一種意念，這種意念就是無常、變來變去的，有時想要這一個、有時想要另一個，例如有人想買房子，房子是他心念的對象。想要擁有房子，他很辛苦地賺錢買房子，但是買了房子以後他也不會滿足，於是買名貴的轎車滿足他的慾望。他認為既然有 apartment，這個公寓、房子，還要有一輛好的轎車才能配得上房子，才能顯出他與眾不同的優秀條件，所以買房子買轎車都是他的心念。買房子、轎車以後會想交女朋友，成立家庭，

生兒育女。我們一般人都會有很多不同的慾念，可是這些慾念不會停在某一階段，它是無常的、無常住性，在某個時候會發出慾念，在另外一個時間也會有另一個慾念，是諸行無常。諸法無我，種種事物都沒有自性、實體，是因緣合和，無獨立存在性。「諸法無我」的「我」不是你我的我，而是我的實體、我的自性，所以諸行無常是一條真理，諸法無我是另外一條真理。最後「涅槃寂靜」，了達「諸行無常」、「諸法無我」，就不會對事物產生慾望、虛妄執著，這時心就是能體證真理的主體。能體證諸行無常、諸法無我真理的不同面向，最後便能遠離虛妄的見解。若能克服虛妄的見解，就不會做出虛妄的行為，若能克服虛妄的行為，就不會有煩惱。所有煩惱都是從虛妄的行為而來，而種種虛妄的行為都是從虛妄見解所生，若心無虛妄的見解，譬如說以為諸行有常、諸法有我，沒有其他虛妄的見解，就沒有虛妄的行為，更沒有痛苦，這樣就解脫了。

　　接著是十二因緣（dvādaśāṅgika-pratītyasamutpāda）。這是後來唯識學（Vijñāna-vāda）講的「緣起」。所謂「緣起」（pratītyasamutpāda），是每一種事物都是從不同的因素聚合而產生，這就是緣起。十二因緣是通過十二個因果環節，來講眾生的生命存在的生起。詳細的說法，可參考我所編著的《佛教思想大辭典》。所以諸行也好，諸法也好，行跟法都是基於緣起而成立的。在這裏我們就看到，早期的佛教把重點放在諸行、諸法這些方面，「行」就是我們的念頭，「法」就是一般的事物。諸行無常、諸法無我都顯現出沒有自性、空的真理，空就是無自性，就是諸行無常、諸法無我，這是我們所了解的終極真理。但這個「我」跟「行」是怎麼來呢？從「緣起」來。這個諸行、諸法都是以緣起為

性格，因為無常，所以沒有獨立的、不變的自性，或者實體。這裏說空、構成事物的緣起，都是從對象而言，對象都是緣起、無自性，所以是空。我們對對象有緣起，也有空的講法，這兩個概念是相通的。「諸法空」正因為它們是「緣起」，因為「諸法是緣起」所以是「空」。空與緣起這兩個概念很相近，是一事件的不同面向。然而不管是從緣起還是從空來講，都是從客觀這一面著力。可是一個認知活動應該包括認知對象，另一方面也要包括認知活動的主體，以此認知主體去了解認知對象，這樣整個活動才能構成。如果只是從諸法、緣起、性空這方面講，只注意現象、對象這方面，這樣就忽略認知的主體，整個認知活動就不完滿。因此在講認知對象——空、緣起以外，還要再建立一個認知主體，所以釋迦牟尼以後佛教有不同的派別，就是看到這點，要在成佛這一方面建立一個完整的認知活動。本來在這個認知活動，在釋迦牟尼、原始佛教的時代，他們對認知對象都看得很清楚，對緣起、空講得很清楚了，可是在認知主體這方面，就是「誰去體證、認知空」對象方面的問題仍沒有解決。佛陀在這方面沒有交代，原始佛教、佛陀的弟子也沒有注意這個問題，所以這就是釋迦牟尼與原始佛教所忽略的一部分，沒有提出修行裏的活動主體。

到了大乘佛教，他們就開始注意這個問題，要認知空、緣起這些終極真理的不同面向，需要智慧才行。沒有智慧就不能正確地認識空是甚麼、緣起是甚麼。此智慧與我們日常所謂「智慧」不同，是覺悟空、諸法因緣生的智慧，稱為「般若智」（prajñā）。《心經》（*Hṛdaya-sūtra*）、《金剛經》（*Vajracchedikā-sūtra*）、《般若經》（*Prajñāpāramitā-sūtra*）……等，主要都是講般若智慧如何發用、怎麼了解諸法都是緣起、都是空，般若的經典都是講般若智

慧。理論到這裏便進了一步，他們能進一步了解這個被認知、被舉證的對象以外，也注意到要有一種正確智慧，一個主體來體證、了解緣起性空。一個主體來了解真理的不同面相，或者說認知的對象，這個主體就是般若智慧。在這裏我們要對般若智有個限定，它不是普通的認知能力，如數學、邏輯、經驗科學等方面的認知，是現象層面的認知，就佛教來講是「俗諦」（saṃvṛti-satya）。可「般若智」不是俗諦的智慧，是真諦（paramārtha-satya）的智慧、認知能力，是了解終極真理的。不管緣起也好，性空也罷，都要由般若智慧來認知，所以般若智慧是一種勝義的、第一義的智慧。

　　還有進一步的問題，這種智慧要有一個發出的根源，但不是從我們一般的心識發出來。一般的心識只能認知俗諦的現象，而不能認知真諦。第一義智所面對的是終極真理，這是勝義諦的智慧。勝義諦的智慧的根源不是心識，那是甚麼呢？這就是問題所在。所以後來他們研究、體會的結果，般若智慧應該有超越的功能、超越的發源地，而這個發源地就是「佛性」。般若智慧是從佛性發出來的，而佛性與心識就不一樣，心識有執著而佛性無執著。佛性是一種超越的主體，所發出的智慧能穿透事物、對象的表層，進而了解它的本質，如緣起、性空……這些方面。所以我們講到生命存在的認知這方面，有兩個層次，一個層次是心識，那是用來了解事物一般的知識，特別是認知科學的東西、構成科學的學問。另一方面是層次較高的智慧，認知事物的本質，也就是「緣起性空」的性格。這種智慧比科學的識心高一層次，是認知現象本質這方面，而科學的識心是認知現象的層面。般若智的根源就是佛性，佛性是我們生存方面覺悟的根源，能發出般若智慧照見事物緣起性空的本質。照見了本質以後就能了解事物是空的、無自性的，就不會有虛妄的見

解、行為，沒有虛妄的見解、行為，就覺悟、進入一種無執著的心靈狀態。

般若智發用的根源是佛性。這點非常重要，這交代了為甚麼佛教在提出緣起性空以外，還要提佛性。這涉及佛性這概念為何要提出來，它的地位為甚麼這麼重要。因為沒有佛性就不能發般若智，以照見種種對象的本質，卻誤以為它們有實體，產生執著，進一步有虛妄的見解、行為，彷彿置身於苦痛煩惱的大海而不能解脫，這就是佛性這觀念、這套理論產生的背景。為何釋迦牟尼講三法印、四聖諦、十二因緣還不夠，後面還要在佛性做補充呢？因為這是佛陀、早期佛教所忽略、沒有看到的問題，所以佛性這觀念的產生比較後期，這是因為大家看到體證終極真理需要終極智慧才行，而體證終極真理的智慧是從佛性發出來的。你可以說佛性、般若智有體用的關係，佛性為體，般若智為用，由體發用，由佛性發出般若智。例如一間房子黑黑的，按開電燈光管，光才會發出來。進一步問，這個電燈發出的光是自然而然？還是從某一根源來的呢？我們會說個光並非自然而有，它有個根源，燈會亮的根源是發電機。我們另外可以舉很多例子，中國思想最多元的時代是甚麼時代呢？（同學：先秦）對啊，先秦，諸子百家。那先秦的思想是怎麼來的？是憑空來的嗎？還是由我們的思考能力引導出來的？我們的腦袋作為思想機能，能提出不同的學說，解釋宇宙萬象，包括人類的活動在內。所以發電機、我們的腦袋是發揮能力的根源。整個佛教也是這樣，要了解緣起性空現象的本質，要一種智慧，這種智慧相當於燈光，智慧從哪來相當於光從哪來，我們會說這智慧從佛性來，就相當光明從發電機來。如果沒有發電機就沒有電力，就沒有光，晚上就不能生活的那麼自在，只能點蠟燭、油燈，不然就是漆

黑一片的世界。蠟燭、油燈雖可以稱為發光的來源，但只能看一般的東西，要看書、寫論文還是不行，需要發電機才行。在佛教裏也是一樣，要了解、體證現象的緣起性空的本質，便要有一種智慧，此智慧不是科學、數學、邏輯方面的識心的智慧。般若智超越識心，是無窮、普遍性格的，由佛性發出來的。所以佛性是覺悟的主體性，般若智是它的發用，空是這種發用照見對象的空的本質。所以在這裏我把這個本質講了又講，要把這道理講清楚，以後你們看佛性的思想才能有點眉目。

林美惠：上次老師有提佛性是大乘佛教才說的，大乘佛教不是中國才衍生出來的嗎？

吳汝鈞：在印度就已經有大乘佛教，原始佛教先發展，然後有空宗、有宗，大概因為光講空、有不夠，對覺悟的根源有所虧欠，缺乏這方面的講法，所以大乘佛教先講空、有，後來才講佛性。在印度，大乘佛教隨著原始佛教發展出來，初期他們只講緣起性空，有宗是唯識學，講緣起；空宗是中觀學，講空，這就成為空有二宗。可是空有二宗的重點都放在對象、緣起性空那一方面，他們忽略這個了解緣起性空的智慧。後來才發現這種智慧就是般若智，般若智發自超越的主體性——也就是佛性，就是成佛的機能、基礎。像慧能，他是禪宗五祖弘忍的弟子，弘忍曾問他：「你是哪裏人？」慧能回答：「我是嶺南人。」弘忍接著說嶺南人學甚麼佛法？這是考驗慧能的智慧，意思是說嶺南人都是很愚蠢的，愚蠢的人怎麼能了解佛法呢？意思也可以是說嶺南人沒佛性，或者嶺南人的佛性是較低一等的。慧能就回應自己是嶺南人，但是佛性沒有分南北，所有眾生都有佛性，而且是相同、普遍的，弘忍就知道慧能有上乘的慧

根，才願意收他為徒，收他在東山法門內。所以照慧能的說法，佛
性不分方位、古今，只要是人，他們的佛性都是一樣。此說後來發
展到不光是人，一切眾生都有佛性，再進一步，就連沒有感覺的草
木瓦石都有佛性。這裏重點在說終極真理的重要性，對它有所證
成、了解，需要有智慧才行，此智慧發自佛性，所以佛性的明覺要
常常發出來，不使之為他物遮蔽而發展不出來。上次課堂有提到神
秀偈頌「時時勤拂拭，勿使惹塵埃」。覺悟的主體要常常讓它發出
明覺，不要讓外在因素、塵埃對它的明覺或明鏡起遮蔽，所以需要
時時清理明鏡、佛性的靈明性，不要讓它給外在的、負面的因素所
遮蔽、染汙。在這點慧能跟神秀的看法應該都一樣，人人都有佛
性，但不是每個人都能發放出來，這是因為內心有太多虛妄的執
著，被塵埃給遮蔽了，所以不能發揮明鏡的作用。佛性就是這樣，
你要常讓它處於明覺狀態才行，而不能讓它埋藏在虛妄中。

　　我們要講的重點在該有一個了解終極真理的面相的機能；緣起
也好，性空也好，都需要智慧才行。這種智慧就是從佛性發出來
的。佛性的概念在印度佛教中後期才發展出來，但在印度不流行。
印度人喜歡唯識學、中觀學，佛性思想、理論在印度沒有發展得很
興盛，但是傳到中國後大受歡迎。我們要了解佛性有普遍性，人人
都具足，這個意思在《涅槃經》（*Parinirvāṇa-sūtra*）有記載，所
謂「一切眾生皆有佛性」。可是在晉朝《涅槃經》的譯本尚未全部
東傳完成，竺道生「孤明先發」，看到《涅槃經》的一部分就推判
到《涅槃經》是講佛性的，而且佛性有普遍性，「一切眾生皆有佛
性」。但當時還沒有文獻的根據，僧團於此有所不滿，認為《涅槃
經》還沒譯完成，為甚麼這麼說呢？於是開大會把竺道生驅逐出僧
團，就像國民黨把李登輝驅逐，於是李登輝就建立台聯黨，如果把

李登輝留在國民黨，不一定會有甚麼作為，但被驅逐了以後才會有想要再立黨派的意欲。竺道生也是如此，被大會驅逐。後來《涅槃經》全部譯出來了，確有「一切眾生皆有佛性」的說法，竺道生因此得到平反，恢復僧人身分，普遍受到尊重。後來隋朝、唐朝、宋朝，中國佛教界承繼《涅槃經》的思想，並參考較晚出的慧能等人對佛性的看法，於是建立這有中國氣質的佛教，如天台、華嚴、禪宗這些。

二、「圓」的說解

圓覺的概念是對比佛性偏覺的「偏覺」來說的，以下對「圓」的概念進行解說。「圓」可以指周遍，對全體均等地加以概括，不特別關照某一部分。圓覺的覺證範圍是存在、一切法，不偏頗某些殊勝的法（dharma），在一方面是認識論的（epistemological），另一方面是存有論的（ontological）動態情況下進行覺證、覺照。這裏的存有論是指在認識一切法時，同時也證成他們的存在性，換句話說，證成與認識同時進行。當某一法被生起、被認識，是在主客的關係中作為對象而被處理，則生起與認識的活動是現象論的；但若作為老師提及的，作為終極原理的純粹力動（reine Vitalität）的詐現而成，又作為詐現而被認識，則此生起與認識是現象學的。而在其中活動的主體則是作為純粹力動在個別生命中，表現出來的睿智的直覺（intellektuelle Anschauung）。

相對於佛性偏覺的超越的分解的思維形態，佛性圓覺傾向於內在的綜合（immanente Synthese）或辯證的綜合（dialektische Synthese）的思維形態，這種綜合在邏輯上是矛盾的、弔詭的性

質。「超越而內在」是超越性與內在性的結合，表示超越的事物能存在於、實現於有限的、經驗的東西中。佛性圓覺將「超越而內在」這種矛盾予以克服、突破，當下地、頓然地將背反解構掉，而表現辯證意義的洞見（dialektische Einsicht）。

「圓」還指所陳的義理、教法顧及根器較低的眾生。真實的、圓實的教法應該是清晰的、可理解的，艱澀困難的、遠離世間的義理只能是真而不是實。華嚴宗強調崇高的覺悟境界和難以理解的玄談，結果佛以外的九界眾生都無法領悟、覺照，此「理」只有佛能懂而無法有效地協助眾生，華嚴宗因而招來「緣理斷九」的譏評。理是華嚴的崇高的教法，九是佛界之外的九界眾生，他們都跟不上圓覺的腳步，因而被「斷」。

「圓」的另一層意義，是從純粹修行方法、工夫方面說的。佛教在修行方法上流行兩種方法──頓與漸。漸修是有次第、依淺入深地修行，最後成佛；頓修則不經既定的階段修行，而是在修行上頓然的、一下子地圓覺大成。天台智者大師的圓頓止觀，便指涉這種一下子讓人爆發智慧（prajñā）的火花，頓悟到宇宙人生的真相而直下成佛的實踐修行法。

> 圓頓者，初緣實相，造境即中，無不真實，繫緣法界。一念法界，一色一香，無非中道。己界及佛界、眾生界亦然。陰入皆如，無苦可捨；無明塵勞即是菩提，無集可斷；邊邪皆中正，無道可修；生死即涅槃，無滅可證。無苦無集，故無世間；無道無滅，故無出世間。純一實相，實相外更無別法。法性寂然名止，寂而常照名觀，雖言初後，無二無別，是名圓頓止觀。

——智顗《摩訶止觀》[1]

文中提到很多背反，但智顗都未曾要以背反的一面（正面）去克服、超越背反的另一面（負面），不透過超越的分解去確立純淨無雜染的要素。引文「初緣實相，造境即中，無不真實，繫緣法界。一念法界，一色一香，無非中道」表示仍肯定經驗的、現象的世界，將背反的雙方（世間、出世間）突破，而達致絕對的、真正的理境。「即中」的「中」是中道佛性，是在作為原理的中道與作為心能的佛性雙方等同的義理脈絡下提出的，「中」的範圍不單是「中」，「即空即假即中」也，包含世間、出世間、世出世間三個領域的內容。

吳汝鈞：這是講「圓教」的圓的意味，有一些比較重要的字眼要稍微做進一步的解析。首先是「現象論」、「現象學」。這兩個名相好像差不多。現象論是一般所講的，把所見到的、所想到的那些東西，從經驗的層面來講，就是「現象論」。現象論是以一種描述的（descriptive）方式來講，例如這個背包是黑色的、這個橘子是甜的、林聖智穿的外套是紅的……等；這些命題、了解都是中性的，無分好壞。例如這個背包有工具性，可以放東西，所以說它是中性，不管顏色為何都一樣，這些背包是普通的背包，不同於一般有錢人才買得起的香水、背包，有價值的意味、地位。所以像這種香水、背包可以分兩種，一種實用性的；另一種可以做為表現富有的、高級的身分的作用，非關實用。普通用背包其目的是把東西放

1　《佛教的當代判釋》，頁 460 引文。

進去，帶來帶去，而上流社會的名媛他們的背包不一定有實用性，只是當成是一種配件，不是拿來當工具使用，而是當成是一種身分的表現，這樣價值性好像也蠻明顯。

這邊講「現象論」有工具的性格，不是拿來做裝飾品、顯耀地位身分的意味，這就是現象論（phenomenalism）。它所描述的是經驗性的物體，基本上是工具性的、沒有理想的，也沒有高一層次、超越的境界。如果拿它跟現象學比，那這種現象論是物理的（physical）、心理的（psychological）、工具性的（instrumental）這些。另一個名相是現象學（phenomenology），是德國胡賽爾（Edmund Husserl）提倡、創造，現在的歐陸哲學非常流行。現象學以一種非常嚴格的科學眼光處理種種學問、活動，而且它有理想性、價值性，有估值（evaluation）的意味在裏面。它是要把缺乏明證性（Evidenz）的命題、認知給予擱置，要建立具明證性、理想性的生活世界（Lebenswelt）的一種哲學、學問，我們就把它視為現象學。所以現象論、現象學是顯然有別。現象論就是一般的經驗論；現象學則靠近觀念論，它有目標、矢向，可以作為人生理想環境，這就是胡賽爾說的理想的生活世界。

我們說現象論時強調當某一法被生起、被認識是在主客的關係中作為對象而被處理，則生起與認識的活動是現象論的。這是描述性的、沒有估值性的。我們說現象學，是指一種學問，它表現一種有價值性、理想性的目標，為了實現這個目標，做出種種的活動、行為。這些不同的行為、活動，都有現象學的意味，因為它是幫我們建立理想的環境、一個有價值可說的生活世界。所以可以簡單地做一分別。現象論是經驗性格的、感官性格的、相對性的；現象學有理想性、價值性，是我們所追求的目標。

例如基督教，說要信上帝，行為上守著《聖經》的話，聽從耶穌的說法，這些人最後可以在末日審判中停留在天上，可以同上帝在天上繼續生存，這種講法就是現象學的，而且是宗教現象學，因為是宗教的。道家也可以講出一套現象學，如「與天地精神相往來」，體證道、自然。道家在講到實踐時，有兩個方法：一個是心齋，一個是坐忘，這樣才能讓常常出現、影響生活品質的「習心、識心、成心」這些現象論的心理被克服。莊子提到的坐忘、心齋的實踐，與他嚮往的「與道為一」、「與天地精神相往來」有合一的關係，這是現象學的。你應該會問現象學不應該只有宗教義，應該還有其他義，如「與天地精神相往來」屬於哪一種境界、何種現象學呢？除了宗教的也可以是美感的。現象學也可呈現一種美學的境界，如方東美常引《莊子》書的「天地有大美而不言」，表示天地是很美的，要自己領會、探索才行，所以這種現象學是美感的、審美的現象學。另外還有道德的現象學，如儒家的「天人合一」、「克己復禮」，通過實踐，讓自己跟禮合而為一，禮可視作是一種道德的規範，這要求自己跟道德合為一體，所以是道德的現象學。到此可以明白現象論與現象學的意義及它們的相異之處了。

在圓教來講，不管是偏覺還是圓覺，都是現象學意義的。因為它們的目標很明顯，透過不同的工夫實踐實現理想。偏覺的理想在「覺」，不過是「偏」覺，是不完整，將關心點放在自己精神的提升上，對於其他眾生看得比較輕，可是理想還是在成覺悟、得解脫。所以最後還是會達致涅槃的境界。這樣看來偏覺的理想很明確，要從感性的、經驗性的、虛妄的生活層面提升到無執著、無生死、無苦痛煩惱的宗教的境界，也就是涅槃，這就是現象學的意義。

　　圓覺的這種覺悟、做法當然也是現象學的性格，而且是超過偏覺的，因為偏覺的重點在個人，圓覺的重點在眾生，追求普渡眾生。也可以說是一種實踐，為了要達到覺悟、解脫，要做很多修行、宗教的實踐才能達致。

　　相對於佛性偏覺的超越的分解的思維形態，佛性圓覺傾向於內在的綜合（immanente Synthese）或辯證的綜合（dialektische Synthese）的思維形態。這裏要對「超越的分解」、「內在的綜合」此二不同修行的路向作一點補充、解析。所謂超越的分解，是說當前有很多東西放在一起，有些是超越性的、有些是經驗性的，不同的東西，要在裏面把超越性的東西撿別出來放在一邊，經驗性的也撿出來放在一邊，這就是「超越的分解」要處理的。在哲學上宗教上指的「我們的心靈」，心靈是有超越性的，不受時空管制、超離染汙的、陳述的世界，以凸顯出超越性，就是達到某一種超越的境界。在基督教、佛教、儒家、道家都有一套自己講的「超越的境界」，那基督教是怎麼講的呢？美惠。

林美惠：基督教是說信上帝可以在天上得永生。

吳汝鈞：這就是了，「天國近了，你們需要悔改」。要悔改、發願不貳過，不犯同樣的過錯，那麼上帝、基督就會認同，讓你進天堂，與上帝同在。

　　佛教講超越的境界在覺悟、解脫，那是超越種種的背反：有無、生死、善惡、理性非理性等種種背反，最後證入涅槃而成佛。儒家的超越境界就是與天理、天命合一，跟天道結成一體，而且因為儒家對世間的態度是積極的，所以要教化眾生，要以仁義的心態對待眾生，可是當時沒甚麼人相信。如孟子，遇梁惠王，「王曰：

『叟不遠千里而來，亦將有以利吾國乎？』」，夫子你這樣來對我們有甚麼利益啊？孟子是大儒、有修養的儒家人物，講仁義，不言利害，強調不用武力、金錢就可以強國，可是梁惠王根本聽不進去，孟子很失望地走了。仁義是儒家的理想，讓每個人普遍成仁、成聖是他們的超越的理想。道家也有坐忘、心齋的工夫實踐，屬超越的理想，可是它比較消極，沒有儒家那麼積極，也不如大乘佛教的積極。它的超越目標只放在美學的、審美的藝術境界，體驗天地的大美就夠了，其他眾生還在受苦受難，道家不太關心，這與儒家、大乘佛教不同。

大乘佛教講先自渡而後渡人，要先渡自己才渡眾生，否則就是「泥菩薩過江──自身難保」。這是他們強調普渡眾生的方法。儒家就很積極，要有「人文化成」的精神，一切都要以人文精神出發。唐君毅的《人文精神之重建》就是儒家所講的禮樂、仁義的內容。這就是超越的分解，超越的意味在此。

而「分解」是把超越跟經驗分清楚，所以超越的分解在小乘、道家作得到。還有在圓教裏面，偏覺就是這種形態。另外還有儒家、基督教。佛家講圓覺的宗派，如慧能的禪法、智者大師的圓教：藏通別圓，這不是屬於超越的分解，而是綜合，與經驗界綜合在一起，不是從眾生、群眾脫離開來，不只求個人的成就、覺悟、解脫，而是把自己跟眾生看為一體。所以這裏的覺悟除了自覺以外，還有覺他、他覺。

在偏覺這一方面主要是自覺，把自己跟其他眾生分開，重點在自覺，不太管眾生如何。只重視自己，所以有所偏。圓覺不光關心自己的覺悟，還關心眾生的覺悟，一起達成覺悟的理想。這裏的理路有兩種，一種是超越的分解，另一是辯證的綜合。在工夫論而

言，超越的分解比較好理解，超越的一邊與經驗的一邊，把重點放在超越的一邊，這樣講就很容易弄懂「超越的分解」的思維形態。

至於內在的綜合、弔詭性的綜合，它不做這種超越的分離，而是把超越的與經驗的放在一起，把正面、負面的東西都放在一起，不分開，如生死、善惡、菩提煩惱、生死涅槃、有無、存在非存在、理性非理性，這些都是可以成為背反的。我們日常生活中有很多背反，如愛與恨。那它這個辯證的綜合、內在的綜合就是要把背反的兩方放在一起，在這兩方找出一個突破口，從這背反突破、超越上來，超越、突破以後就能達到無生無死、無善無惡、無愛無恨的超越的境界，藉由突破背反就能讓精神上提，最後得著覺悟。

有時候存在的東西越是正面就會讓你越痛苦。我舉個例，一個人很有錢，送兒子到美國念書，一天美國警察局打電話通知他兒子自殺了，他就感到傷心痛苦，生活的節奏都破壞了。因為太痛苦，想要尋求一種破解的方法，使痛苦消解，由於他很愛他兒子，越愛兒子就越痛苦。於是就看基督教的資料，看有無答案。結果他不成功。看佛教的文獻有無解答，好像也沒有。於是他向一個佛教徒、有一點佛教學養的佛教徒提及，這位居士說：「你現在之所以感到痛苦，生活的序列給打亂了，陷於這種困境，是因為你太愛你的兒子。」所以這個愛也會成為非常負面、讓人感到痛苦的東西，這個人感到困惑，父母愛子女是天經地義，為何愛子女會痛苦呢？後來他理解這太偏於一端，不是中道，到了超過理性、溺愛的程度，所以才會這麼痛苦。不是有句話嗎？「慈母多敗兒」，因為對兒女太溺愛，結果兒女不學好，卻到處闖禍，使母親更痛苦。

另外，這裏提到世間的三層面相：世間、出世間、世出世間。通常說「世間」，是我們生活於其中的現象世間，是為時間、空間

規範的世界，是一種經驗的世間。「出世間」指超越經驗的世間，也可以說是一種形而上的世間。通常我們說世間有很多限制、苦痛煩惱的世間，所有的事物現象都是有限的，所以沒有理想可說，受限於時空，故很難講超越性。相反地，出世間的一切內容都具超越性，不受時空的管制，與經驗世間有一段距離。世間與出世間雙方都有限制、不足的地方。世間事物有生有滅，凡是生滅法都很難講理想，所以要出世間，要出離這個世間，在精神上向另外一個領域追求清淨法，從平常的世間上提到超越的出世間，再去體證出世間種種的價值。所以世間是經驗性的、受限制的，故很難講理想；出世間是超經驗性的，比起前者有很多理想的意味。「世間」與「出世間」，兩者好像都是獨立的世界，彼此不碰頭。

　　這兩種世間有相互隔離的意味，兩不相礙，沒有交集，是分離的，也可以說是分解的。這兩個世間都不是最理想，所以要進一步把這兩個世間結合起來，將經驗的事物與超越的事物融合起來，建構一條溝通「世間」與「出世間」的通道，這就是「世出世間」。所謂「世出世間」是世間與出世間的綜合，有融合的意味。出世間有一種分解的捨離世間的意向，就是要離開經驗世界，把精神提升到另外一種超越的境界，這就是出世間，所以世間、出世間有分離的關係。最理想的境界是將世間、出世間綜合起來，讓出世間種種超越的、理想的、價值的事物在世間中展示出來。這裏就有這樣的意味。如果超越的、有價值的事物只是停留在一個超越的層次，跟現實的經驗世界沒有連結、交集，則此出世間就是不完滿、不夠真實。它是真而不實。「真」是真理性、理想性，可是「不實」，不真實、不充實，「實」是在真實世界展示的性格。所以光是世間不夠，僅有出世間也不足。出世間是遠離虛妄、染污的事物，要能夠

遠離這些事物，才能建立超越性、價值性，可是這種情況是「真而不實」，不能在這個時間空間裏面展現出它的存在性，以及實踐超越性、價值性，所以這個出世間也不夠，要進一步把兩個綜合起來，就是「世出世間」，譬如淨土思想。

淨土思想有兩個矢向，一個是「往相」，離開塵俗經驗的世間，上提到清境的出世間，歸向淨法，到清淨的、超越的出世間，這是「往相」。可是這不完滿，只有世間能體現出世間，最後還是要離開這個出世間，往下到世間去完成道德的教化、宗教的轉化，即是「普渡眾生」，也是「世出世間」的價值所在。讓超越的價值性的目標在這個世間顯現，教化、轉化世間有執著、顛倒煩惱的眾生，這就是淨土宗講的「還相」。一個宗教要有這兩項，才能算是完整、完滿理想的宗教。所以世出世間，就是淨土宗的「往相」、「還相」。這就是大乘佛教的「普渡眾生」的精神。然而想普渡眾生要先渡化自己，讓自己上提到成佛的階段，然後再進一步渡他人。在這裏它有兩種任務，第一先「自渡」，以自己的渡化作為基礎，再來「渡他」，教化、轉化、普渡眾生，這是佛教中淨土宗的重要的思想。

再看一下在西方宗教有無類似的說法呢？在宗教發展的活動、在宗教領導的生活情形下，西方宗教有無類似淨土宗「往相」、「還相」的作法呢？有沒有啊？西方主要是指天主教、基督教，有人把伊斯蘭教也放在裏面，其實伊斯蘭教在東與西兩者中間，是屬於阿拉伯的領域，既不屬西也不屬東，是中東。這三種宗教天主教、基督教、伊斯蘭教有沒有相似的地方呢？在基督教來講，有無往相、還相？吳嘉明，你說有沒有啊？

吳嘉明：基督教以聖子——耶穌基督作為依歸，所以我覺得往相的比較多，還相的性格好像沒那麼強烈。在基督教最重視的是末日審判，所以還相部分好像比較淡薄？

吳汝鈞：那麼為甚麼基督教有「道成肉身」、救世主、彌賽亞的講法？這些在基督教的意思是甚麼？或者在宗教中有甚麼重要的意味？因為基督教提出這些講法、口號，是為了突顯宗教的導向、對世間關心的教理，如果說沒有還相，那「道成肉身」、「救世主」的講法有甚麼意義？為甚麼要提這兩個概念？

吳嘉明：救世主、道成肉身的概念好像只有在基督身上才可以這麼說，基督之後好像沒有其他人可以做到這一點，因為他畢竟是三位一體的聖子，所以只有那一位會在末日審判的時候，才能成為彌賽亞降生，在一般人身上，或是在教宗、牧師的身上比較沒辦法，他們只是上帝的牧羊人，應該無法成就「道成肉身」的概念。

吳汝鈞：在基督之後比較難說，因為上帝有永恆性。基督作為神之子，也應該有祂的永恆性，超越時空，特別是時間，或者是超越現象活動。為甚麼提到「道成肉身」的講法呢？是因為上帝有神性無人性，普通人有人性無神性。有神性的上帝為了跟人溝通、展示祂對人的關愛，把人從原罪、根本的罪性、惡性釋放出來，所以祂需要與人溝通。可是上帝只有神性無人性，而人只有人性無神性，所以如果要跟人溝通，需要一個中介、媒介，這媒介需要同時有神性、人性，由祂來溝通。耶穌就擔負這個責任，同時具神性與人性。耶穌作為人，他父親是木匠約瑟，有肉身感情的一個人（human being），這是從人這邊講，耶穌是約瑟與瑪利亞的兒

子。可是另一方面「道成肉身」，祂的父親是上帝，上帝將「道」灌注到耶穌的生命中，讓祂在人間展示在有血有肉的個體生命，又具有神性，可說是上帝分出來的愛。所以在這方面，耶穌既有人的肉身也有神的神性，所以耶穌能作為媒介溝通人跟神，這就是「道成肉身」。

再進一步我們看，這個道成肉身在宗教是怎樣的意味呢？提出怎樣的訊息（message）呢？上帝以祂的道、愛作為基礎，讓祂的兒子耶穌以人的形態帶有神的愛、對世間的關懷，來到這世間，這是假借木匠約瑟與瑪利亞，把耶穌生出來。上帝為甚麼要這麼做？耶穌為何要擔負這樣的使命？這問題很重要——這就是「還相」——耶穌作為救世主、彌賽亞，在世間受盡種種的苦難，最後要面對最痛苦的、釘在十字架上以寶血洗淨人的罪惡、原罪，這就有還相的意味，但還相的主體是上帝、耶穌。與淨土宗講還相的主體不一樣，淨土的還相主體會先從世間解放，讓精神境界達致出世間的層面，再下來普渡眾生。

上帝就是創造主，為何要讓耶穌以道成肉身的方式來到這世上？耶穌沒有罪，為何要送到世間上受苦受難？沒有經過公平的審判就被判最痛苦的死刑，釘在十字架上面處死？人死的方式有很多種，在臺灣最流行燒炭、上吊、跳樓、割腕……等，上十字架是最殘酷最痛苦的，讓血一滴一滴的流出來，最後流乾了就死了，上帝為甚麼讓耶穌這麼做？所以這裏就有還相的意味，就是上帝要救人類，要把人類從原罪釋放，改過自新，懺悔，《聖經》不是有句話「天國近了，你們要悔改」嗎？只有悔改才有救贖，一個殺人犯要悔改才有生路，不悔改就沒有生路。所以在這裏耶穌就代表上帝，很謙卑地，以委屈傴僂的方式在這世間上出現，替世人贖罪。這裏

有個字眼相當好用「stoop down」，就是「委屈傴僂」，上帝對人類「委屈傴僂」。所謂「委屈傴僂」像魯迅說的「橫眉冷對千夫指，俯首甘為孺子牛」，「stoop down」與第二句意義相同，要作「孺子牛」，以一種卑微的身分幫助他人。

　　現象學家 Max Scheler 寫了本 *Ressentiment* 的書，意思是「妒恨」。Max Scheler 有提到上帝對人有「stoop down」的狀況，委屈傴僂，替人們贖罪。stoop down 是英文的翻譯，因為我找不到德文的原書，所以我找不到在德文中「stoop down」這個動詞是怎麼說的。可以查一下英德的字典嗎？「stoop」這個動詞在德文怎麼說？

瞿慎思：查過後只有「sich bücken」。

吳汝鈞：這是彎腰、折腰。為救贖眾生彎腰。可是這還相只交給耶穌作，「道成肉身」的作法，只出現在耶穌，一般人沒有這樣的機會。這是世間、出世間、世出世間。可以這樣說，出世間是往相、世出世間是還相。這裏的引文提到止觀與圓頓止觀。其實「止觀」是修行的不同面相，「止」是禪定（meditation），坐禪；「觀」是觀照（contemplation）。二者同時進行，止中有觀，觀中有止，「止」是修禪定，使心念集中，不胡思亂想，「觀」以般若智觀照一切事物是緣起性空。所以這個止跟觀看起來似乎是不同的工夫實踐，可是這兩者合起來，實踐工夫才能完滿。所以智者大師在他的《摩訶止觀》中說：「圓頓者，初緣實相，造境即中，無不真實。」曾用一個比喻，講這兩種工夫要同時進行才會有效果。只修止不夠，只修觀也不夠，一定要止觀雙修才會完美。這裏他是用比喻說，就像車子有兩個輪才能動，鳥有兩隻翼才能飛。在這裏強調止觀要同時進行，即止即觀、即觀即止，這種止觀的方式是「圓頓

止觀」。這裏可以想到有一種止觀不是圓頓的，是漸次的，所謂「漸次」是先止後觀或先觀後止，非同時進行，而是有階段性。在智者大師眼中，漸次止觀不是最好的，最高的止觀是止觀雙運，一齊運行。「圓頓」表示同時進行，不分先後，所以圓頓實踐的方式只用在圓教上，不能用在其他教法上。智顗自己的判教方式另有講法，這便是藏通別圓。圓頓止觀只能在「圓教」中進行，其他三者沒有。別教的止觀有漸次的，非頓然、一剎那的止觀修行。

在這裏提到中或中道佛性，這是天台宗建立終極真理所提出來的，將「中道」與「佛性」統一起來，把二者等同。光是佛性不能成就終極真理，光是中道也不能成就終極真理，要兩者合在一起，才能講終極真理。我們要探討「中道佛性」這個終極概念：是「中道」跟「佛性」連在一起。一般而言，兩者是分開的，中道是理（principle）；佛性是心、成佛的主體。在這裏智顗把兩個概念合起來，中道等同佛性，佛性即中道，中道是理，佛性是心，將兩者等同起來就表示心跟理是一體的：心即理，心理為一，此說相似於宋明儒學中陸王心學講的「心即理」，另外還有一派講「性即理」的伊川、朱熹的傳統。中道佛性展現的形態，相近「心即理」的形態。在這裏，我們可以找到佛教與儒家的對話空間，兩者可以相通。

有沒有問題？沒問題我們就講化法四教。

三、化法四教

天台判教的「化法四教」有：藏、通、別、圓四教。智顗認為藏、通二教以空（śūnyatā）解讀終極真理，別、圓二教以中道

（madhyamā pratipad）進行解說。而中道又等同於佛性（buddhatā, buddhatva）。別教、圓教的真理觀都是中道佛性，不過兩者的修行方法不同，別教採「歷別入中」循序漸進地漸修；圓教是圓頓的、當下即是地體證空、假、中道而說「即空即假即中」，「一心三觀」就是在剎那之間，同時地對佛性的空、假、中三諦一次體證，這是「圓頓入中」。

吳汝鈞：天台屬於哪教呢？

廖鈺婷：圓教。

吳汝鈞：那華嚴呢？

廖鈺婷：華嚴在天台判教應該是在別教，可是華嚴在自己判自己的時候，是圓教。所以在這裏有個疑問，天台判華嚴是偏，可是華嚴判華嚴是圓，華嚴宗是怎麼樣看待「圓教」的概念呢？華嚴的「圓」跟天台的「圓」的概念有甚麼不一樣的地方嗎？差別在哪？

吳汝鈞：先把這個四教要點先講一下。天台宗分藏通別圓四教。藏教是佛教初期的義理，包含原始佛教在內，就是《阿含經》所說的藏教。「藏」也就是三藏，玄奘也有人稱他是三藏法師，三藏是三套文獻，哪三種文獻呢？美惠？

林美惠：經、律、論。

吳汝鈞：對啦，經律論是大藏經的重要內容，可以說所有大藏經都是這三種文獻的紀錄。經是佛陀說法的實錄；律是講戒律的，就是不應該做的事情，如不殺生、不飲酒、不妄語，出家人比丘、比丘

尼應該遵守。比丘尼要遵守的特別多。所以女生出家要好好考慮，出家人有出家人的規矩。論是從哲學方面發揮。經原理性較強，論是論辯，理論性較強。然後通教主要是般若思想、中觀學。別教講如來藏自性清淨心，這個「別」也包含華嚴宗的學說。圓教是《法華經》、《涅槃經》、天台的思想。

在天台眼中，圓教不包含華嚴宗，華嚴宗只能放在別教中。可是在華嚴宗的判教，其度量比較大一點，華嚴的圓教包含天台、華嚴。天台、華嚴同是圓教，但不完全相同，華嚴「別教一乘圓教」強調「別」，天台是「同教一乘圓教」，強調「同」。這兩種圓教最基本的分別、最扼要的區別，華嚴最重要的性格是「崇高」，天台這種教法最重要的性格是「廣大」、無所不包。所謂崇高是指境界非常高，比較照顧根器銳利的眾生，跟一般眾生的關聯不夠密切，是有這麼一種傾向，把教法建立在非常非常崇高的境界上面，結果根器不是很高的眾生就不能了解。所以這裏說釋迦牟尼，甚至是其他佛的說法，都講到最高的境界。如在毘盧遮那佛的「海印三昧」的禪定裏，悟得法界緣起的境界，即每種法都互不相礙，一切法都是在空的世界。「空的世界」很像京都學派西田幾多郎的「絕對無」、場所的思想。這裏要先看一下京都學派的思想，特別是關於絕對無、場所的思想，才能有比較清楚的了解。我們這裏只講華嚴宗的圓教，其境界非常高，只有悟性很高的人才能了解，一般人、悟性比較低的乃至二乘都不能了解華嚴大法，如毘盧遮那在海印三昧所照見的諸法「相即相入」、「圓融無礙」的情況，一般眾生都不能了解。「如日初出，先照高山」，太陽出來先照到的是最高的山。華嚴宗講的崇高的境界，像太陽一出來先照高山，一般人攀不上去，這就是華嚴崇高的一面。

　　天台宗的特性是「廣大」、無所不照，兼顧到不同根器的眾生，兼顧到他們現實的限制性，所以跟世間建立較親和的關係。如果從普渡眾生這個理想來講，我想天台比較能講普渡眾生。華嚴強調崇高，崇高固然好，可是不能普及，只有少數根器好的人才能理解，一般人、小乘都不能理解佛陀所講的華嚴大法，經上說他們是「如聾如啞」，聽不到，聽不懂，好像在夢中，不能聽懂諸法相即相入、相攝相入的關係。他們講的圓教分別在這裏，華嚴的圓教是崇高，天台的圓教是廣大。

　　另外的問題是天台宗開權顯實是否可視為表達終極真理、圓教的手段呢？我們可以說「開權顯實」是工夫論的觀念，問題在「權」跟「實」兩個字眼。「權」是權教、方便法門，與一般講的權力、人權無關，是過渡性的教法，非究竟最後。「實」才是最後的、究竟的。「開權顯實」是用權宜的方法、比喻、例子，能為一般人容易理解的方法，讓他們步步深入了解「實」──實相──終極真理。「實相」是天台宗愛用的語詞，代表終極真理，特別是他們所宗《法華經》、《涅槃經》所說的真理。所以在他們心目中的終極真理存在於《法華經》、《涅槃經》與智者大師的說法中，這就是他們所了解的圓教。「開權顯實」是通過方便的權法、比喻來展示實相，所以「開權顯實」是一種漸教的工夫，藉由比喻、假設，從比較平易的、淺易的方面著手，再一步步進展上提，領悟終極真理，把心裏面的智慧發散出來，最後能體證實相、終極真理。這裏例子非常多，如《法華經》有七個比喻來展示實相──「法華七喻」，藉由七個比喻引領眾生一步一步了解真理。這個「權」就是權宜的方法，也可以說沒有真實性、永久性，就是成語「望梅止渴」。看見梅子，雖然實際上是口渴，但臨時好像不渴了。

　　這裏有一句說得很有意思，「一色一香，無非中道」，要怎理解這種表達方式呢？怎麼一色一香都是中道呢？這句話是甚麼意思呢？

瞿慎思：色跟香是指經驗界的？

吳汝鈞：是的。

瞿慎思：一色一香都是中道。

吳汝鈞：是啊，所以呢？甚麼是中道？

瞿慎思：所以說一色一香、經驗界的東西都可以顯現中道。

吳汝鈞：中道是甚麼呢？

林美惠：佛性？

吳汝鈞：這裏要在中道佛性的複合概念下才能講。不能光講中道不牽涉佛性。這裏說「一色一香無非中道」是甚麼意思呢？這裏說的中道，如果不牽涉到佛性或中道佛性這些字眼，則我們可以說在佛教談真理有兩個觀念，一個觀念是空，一個觀念是中道。所謂「空」，是緣起法、生滅法由不同的因素構成，所以沒有實在性、自性，這就是真理，就是空，說一切事物無實在性。另外就是中道，講的是心境、心靈境界不落在某一極端、相對性的概念，就是能從相對性的概念、矛盾、背反克服、超越，突破了相對的層次，絕對的性格就展示出來。這個絕對的性格不偏於某一個極端，有其絕對性，這就是真理，顯出真理的絕對性。

　　中道就是對有對無所成的領域：同時超越有無這兩個概念所構

成的相對的領域，絕對的領域就顯出來，這是同時進行的，能超越、克服相對性，同時就能展現出對絕對真理的體證。所以「一色一香，無非中道」也有一點漸教的意味，「一色一香」只是比喻而已，色是顏色，香是味道，都是現象的事物，在我們的經驗世界可見的事物，這些事物都是真理、中道所展示的地方。不要以為「中道」存在於超越的地方、領域。中道不在別的地方，就在我們的經驗世界裏面，要體證真理，就在世界的種種事物、現象，在這些上面著手就可以了，不要以為在經驗世界以上、以外有一個超越的世界叫中道。所以這裏有入世的精神，不離開經驗世界體證真理，要在凡俗、充滿種種虛妄染汙的世界體證真理。故它有不捨世間的、入世的精神。

四、一念無明法性心

依天台智顗的說法，佛性即是法性（dharmatā, dharmatva），它與無明（avidyā）常以背反的方式出現，所謂「一念無明法性心」。《六祖壇經》說：「不思善，不思惡。」善惡的背反被突破，臻於無善無惡的境界，這種超越、突破的力量來自背反本身所潛藏的精神主體，就是六祖說的「自性」，相應於老師在《純粹力動現象學》提及的宗教上具有的現象學意義，或轉化意義的迷覺背反我。解決此背反是將正反兩方同時、一齊超越、克服。所謂「一是一切法，一切法是一」，一是法性心，是清淨的；一切法則是染汙的，這是染淨和合。天台的「佛性圓覺」有兼及《維摩經》（Vimalakīrtinirdeśa-sūtra）的「諸煩惱即是道場」、「淫怒癡即是解脫」的意涵，故於此可以開出「一念無明法性心」的道理。無明

是染汙的，法性是清淨的。

吳汝鈞：先在這裏作一點補充。「一念無明法性心」的名相，從字面看是矛盾的，因為一念同時包含無明與法性兩個相對反的概念是不可能的。心是念的發源地，一般講「心念」，應該是「心的念」，內心有甚麼觀點、念頭、想得到甚麼東西、進行甚麼活動……等等，都是心念所含有的內容，一般人沒分得那麼清楚，我們在這邊把它清楚地了解一下，心念是這麼了解的。無明與法性，在一念心裏有無明與法性這二對反的面向，這在一般邏輯中是講不通的，所以這個名相不能從邏輯來講，要從辯證法來講。

辯證法是思考的程序，依序是：正、反、合。這個「合」最後將正反收納、克服、超越，最後把它吸引到自己的「合」這一方面的精神狀態裏面，這是黑格爾（G. W. F. Hegel）講辯證法的意思，是西方哲學裏一種典型的辯證的思考。早期的西方哲學裏對於辯證法作過一些簡要的敘述，早在希臘哲學就有所謂「辯士」，他們是專門講求辯證的思想方法的一些人。「辯」表示用語言來講這一套語言上的背反、矛盾，這方面的思考的形式，然後柏拉圖（Plato）思想裏也有一些辯證的成分。西方哲學基本上是分析的學派，主流強調分析、分解，不太講辯證，然而還是有些例外，柏拉圖與希臘辯士就有辯證的說法。之後到了基督教，約 2000 多年以前，基督教裏有一些人，他們也強調辯證的思考，這就是德國神祕主義，他們是從基督教分出來，因他們不同意基督教對神至高無上的看法。因為神是至高無上，人都是凡夫，有苦痛煩惱與罪惡在心裏面，所以基督教要通過「道成肉身」（Inkarnation），讓神之子耶穌代表神、上帝，以人的身相出現在這世間中，作為神與人之

間的溝通媒介。因為耶穌有上帝的性格，也有人的性格、是有肉有血的 human being，所以上帝、人的兩方面內容都集結在耶穌身上，所以耶穌可成為橋梁，把上帝與人之間的分離打破，上帝可以跟人溝通。然而有一些可以說是異見分子的人，如劉曉波拿諾貝爾和平獎，可是中共還是不把他放出來，不讓他領獎，也不讓他太太去，所以領獎的台上他的座位是空的，代表他不能來了，希望以後他能來。然後她的太太劉霞也被監控，每天生活的活動都有公安局的人在監控，不讓她跟西方記者有接觸，劉曉波是異見分子，以前還有很多很多。

當時的基督教德國神祕主義（German Mysticism）有兩個代表人物，一個是 Meister Eckhart，另一個是 Jacob Boehme，這兩個人不同意《聖經》的講法、當時教會的規條，所以被排出正統基督教的範圍。因為他們強調上帝跟人的關係、密切的關係，不像基督教講隔離的關係，而是密切的。他們從「無」講上帝，這些基督教神祕主義也講「無」（Nichts），除上帝說無，也說人的本性是無。所以在他們看來，上帝、耶穌跟人都是無，可是這個「無」不是虛無主義的「無」，比較像道家老子講的「無」，這裏若要深講要花很多時間，故不能詳說。總之，這些神祕主義分子相信上帝跟人是透過無的性格，彼此之間有親和的關係，不像《聖經》、基督教講的人跟神是分開的，而且他們喜歡用辯證的方式講哲學、宗教。

再下來，到近現代的西方哲學，基督教神祕主義雖然不是主流，可是影響也相當相當深。例如現象學的海德格（M. Heidegger）就有辯證的思想，尼采（F. W. Nietzsche）也有辯證的思想。他們在基督教裏面都是異見分子，他們的那種思考跟東方反而比較接近，跟西方傳統的那套思想，有隔離的情況。這是歐陸方

面現象學的、有辯證素質的一些思想家的想法。

在中國哲學這方面，辯證的思考比在西方要流行，而且流行的較廣、較深。在中國哲學，辯證思考好像一直下來都有連貫性，一代一代都有人出來講。比如春秋戰國的時代，道家有較強的辯證思考，如老子就是一個辯證的哲學家、辯證的形而上學家，透過「反」的概念說道，說終極真理，如「反者，道之動」。道之動是天道自然運作的動感，是不斷展現的歷程，藉由「反」作為依據來講。這種思考在《莊子》裏有多處出現，就是因為這點，海德格對中國哲學有興趣，因為中國哲學很多都講這些，尤其是對《老子》有更濃厚的興趣。他有把《老子》翻成德文的意向，可是最後不成功，因為他的同道人蕭師毅不能配合得很好，蕭師毅也研究哲學，對德文也有點了解，跟海德格也有來往，海德格有意跟他合作把《道德經》翻成德文。後來蕭師毅回來臺灣，到輔仁教哲學、宗教。我跟他見過面，大概在 1974 年 10 月有個國際研討會在京都召開，討論的題材是人與自然的關係，是分組討論，每組約有七、八個人或十個人，當時有一組唐君毅先生也參加了，也有京都學派的西谷啟治，也包括一個姓馬的教授，蕭師毅也在，那時我也沒甚麼學歷，主要在京都修梵文，唐先生邀我參加。大家討論得很熱烈，蕭師毅卻一言不發，只是坐著睡大覺，我也找不到他的著作，也不知道他對哲學的學養，特別對中國道家的學養如何。

中國哲學到魏晉的階段也有辯證思想出現，主要發展莊子一系的辯證法。之後，隋唐是佛教的天下，佛教對辯證法談得很多，特別是中觀學。在印度已經發展出中觀學，龍樹（Nāgārjuna）是中觀學的創始人，常常探討辯證的問題，或者以辯證法思考。到了宋代，道家跟佛教都不很流行，反而是儒學很流行，所以有所謂「宋

明理學」，他們對辯證問題談得不很多，但也偶爾關連地提到辯證法，例如解釋《易經》就有很多，如天人、乾坤等，都有辯證的關係。之後到近代，講辯證法的潮流還是繼續發展下去，譬如說賀麟，主要在研究黑格爾哲學，翻譯很多黑格爾的著述，又談到辯證法的這種思考。然後像唐君毅，他的書也常出現辯證的思考，當代新儒家談辯證法較多的有熊十力、唐君毅、牟宗三等三位。

　　所以「一念無明法性心」這語詞的思考背景就是辯證法，把被視為正的「法性」與被視為反的「無明」，把背反的法性、無明予以綜合，就是合。然而無明與法性如何綜合呢？本來這兩者是矛盾的，藉由辯證法如何說它們兩個是綜合的呢？

　　換一個焦點，把心轉移到「我」這方面，心跟我的關係也很密切，通常我們講「我」的時候，是就心來講，如道德自我就是道德心，認知自我就是認知心。所以可以在「我」裏面講背反，也可以從心講背反。在我的《純粹力動現象學》中，有提到關於宗教性的「我」的設準有三種：第一是「本質明覺我」，那是覺悟到生命裏的「真我」，所謂真心、主體性。第二是「委身他力我」，是淨土宗講的他力，因為他們認為人的能力很弱，無法自己進行覺悟解脫的活動，所以要投靠一個他力大能，希望祂能幫助自己在宗教修行那方面有暢順的發展，最後能順利完成，得到解脫。這是「委身他力我」，將自己託付給一個他力大能，如阿彌陀佛，對祂有無條件的信仰，拋棄自己的主體性，將自己的想法、未來都託付給阿彌陀佛，這就是「委身」的意味，他力就是阿彌陀佛，藉由委身他力、阿彌陀佛，期望被引領到達一個境界，如淨土的世界，再慢慢提升宗教方面的素質，最後可以覺悟得到解脫，這是第二種自我的判準。第三個「迷覺背反我」，即是這裏說的「一念無明法性心」。

在三個「我」裏面，第三個「我」，也就是「迷覺背反我」，最不好講，把法性無明的背反、正負兩方面、相對反的內容都講到我們的一念心裏面，而這個法性無明總是擁抱在一起、無法分開。在宗教的角度言，「迷覺背反我」、「一念無明法性心」是天台智者大師提出的。我們應該怎麼看這有背反意味的心、怎麼克服此背反性，讓無明法性這典型的背反被突破、超越，需要很強的智慧。換句話說，在生命中總是擁抱在一起的背反兩面要怎樣克服呢？克服了以後宗教的解脫就有基礎，最後能達致宗教的目標。

講「迷覺背反我」的佛教經典、論典不少，其中強調「迷覺背反我」的語詞、思想，以天台宗所講的最明顯。其他經典也有一些文獻講迷覺背反的情況，最明顯的就是《維摩經》，它的內容很豐富，境界很高，如果想自己的身心有另一種體驗，對自己、對眾生、對整個宇宙，都有一種在見解上的轉化，便要找機會來讀這本經。

剛講過佛教有一些經典在講背反的性格，其中最明顯就是《維摩經》，直接牽涉到背反的問題。如「諸煩惱即是道場」、「淫怒癡即是解脫」都是背反的，因為負面的諸煩惱怎麼跟正面的清淨道場等同？這其中有實踐，不能從表面文字、邏輯來看，要從辯證思維來看。這個背反要怎麼克服、超越，最後能將諸煩惱與道場等同起來，超越諸煩惱與道場的正反兩面的內容，才能顯出最高的主體性：覺悟的主體性。對這種背反的克服，需要大智慧才行，且也要能忍耐，才能成就背反所指向的終極目標。「淫怒癡即是解脫」，「淫怒癡」是不好的，怎麼能跟解脫放在一起，予以等同呢？重點在如何克服這兩者中間的背反，不是以背反的一方克服另外一方，不以解脫克服淫怒癡，而是從淫怒癡與解脫的背反突破，要衝破這

背反，生命的最高的主體性、絕對性才能顯現。這種絕對性若能充實的顯現，就能講覺悟、解脫。話是這樣講，有沒有問題呢？這種背反的表達方式，以前看書的時候會覺得無法解通，有無類似經驗呢？

林美惠：智顗大師有提到：「一心三心、三心一心，即空即假即中，一心三觀」其中應該有連貫性？

吳汝鈞：有啊，這是一種辯證的、背反的結合，因為心有「空假中」三個面向。空，就是無自性，一切東西都沒有實體、自性。假，世間的東西都是假法、緣起法。空跟假可以構成背反，解決空假兩端的背反、矛盾，甚至超越了，便可以達到中道的境界。中道就是非有非無、亦有亦無，通過矛盾的「雙方的否定」跟「雙方的肯定」，藉由這兩方面，讓心靈提升到中道、覺悟的層次，一心三觀上次應該有解釋了，可是因為時間不夠，所以沒有講。

甚麼又是即空、即假、即中呢？就是空假中三者等同，用「即」字一氣貫下，將三者都即起來，等同起來，這裏需要能夠看破背反的智慧才行。在這裏說一心三觀，有這麼一種意味，就是我們的心靈對存在世界的觀照，是一種睿智的明覺，三觀是睿智的明覺可以有三個層次。「空」是一種，性空的層次；「假」是另一個層次，緣起的層次；「中道」是綜合性的境界，能同時含有空跟假的性格，另一方面也排除空、假間的極端的觀點。例如說「空」，極端的發展下去就成了虛無、虛無主義。「假」，如果一直肯定諸法的緣起法、存在性，到最後這個「假」會發展到一種極端的常住論，如果有些東西是常住的話，就代表它的性格非常強，無法改變，所有道德的教化、宗教的轉化都無法使之離開常住的狀態，這

就是常住論。它的流弊非常明顯，如一個人有種愚蠢無知的性相，就不能說教化、轉化，因為這愚痴已經到極端的程度，無法轉變，所以一切的努力等同於無。以「病」來說，如果疾病有常住性，就不用期待病可以治好，它會常住在你的生命裏，直到老死，這種病很可怕。就像是癌症，不同期的癌症有常住性，代表它是不能治好的，人只是在等死而已，所以你看這個問題多嚴重。

五、一念三千與一心具一切因緣所生法

此處的「一念心」是從平常心說的，現實的心識有善有惡，但稍偏於虛妄的一方，如同唯識學的阿賴耶識一樣為有覆無記。在天台宗的性具（佛性、法性具染淨）系統下，一念妄心就是染淨、無明法性的所在，此是「一念無明法性心」，這觀念見於智顗的《四念處》：

> 念只是處，處只是念，色心不二，不二而二。為化眾生，假名說二耳。此之觀慧，只觀眾生一念無明心。此心即是法性，為因緣所生，即空即假即中。一心三心，三心一心。……今雖說色心兩名，其實只一念無明法性十法界，即是不可思議一心具一切因緣所生法。一句名為一念無明法性心。若廣說四句，成一偈，即因緣所生心，即空、即假、即中。[2]

2　《佛教的當代判釋》，頁 464 引文。

此說的處、色同境、根都具物質性，在凡俗的眾生的認知中，非物質性的心自然與「境」是二，但在終極真理（真諦）言，則心、境是構成背反的雙方，不能二分。眾生每發一念的無明心又包含法性，從哪裏看到法性呢？從心是因緣所生、當下是空無自性，可是又有假名的作用來判斷這世界，最後對於包含心在內的世界，認取它是緣起性空，故不予執著。但日常生活存在種種不同事物，我們一一為它們起名字，這便是假名。另外中道成立於俗諦的認知但不執取於此知。在這樣的脈絡下，我們的心同時有：心的空、心的假、心的中（中道），但在處理不同事物的三心，其實仍是一心，這便是「一心三心，三心一心」。

「雖說色心兩名，其實只一念無明法性十法界，即是不可思議一心具一切因緣所生法，一句名為一念無明法性心。」一念心具含一切因緣所生法，這些因緣生起的法，有染有淨，概括於前面的法性與無明中，所以一心包含雙方，所以稱為「一念無明法性心」，智顗稱一念無明法性心為不可思議。

智顗「一念無明法性心」的思想源自於龍樹《中論》（*Madhyamakakārikā*），其中有一段偈頌其義如下：

> 我所宣說的是緣起的東西是空，由於空是假名，因此空也是中道。[3]

3　《佛教的當代判釋》有梵文原文，此處譯文引吳汝鈞，〈天台學的核心觀念與實踐：對海外天台學研究的反思〉，《華梵人文學報》天台學專刊，2013 年 5 月。

龍樹的觀點是，中道與空等同，但中道是非有非空，不執著於空的超越義，所以是空義的補充。在這段偈頌中指涉及空與假名兩方面，換句話說只牽涉空諦、假諦兩重真理，中道並不是獨立為中諦，它只是空諦的補充。[4]然而鳩摩羅什（Kumārajīva）翻譯《中論》，把這首偈頌翻譯成：

> 眾因緣生法，我說即是無（空），亦為是假名，亦是中道義。

鳩摩羅什誤將空、假、中都成了因緣法的賓語（謂詞），三者在一種平行、對等的地位。智顗延續羅什的翻譯，把三者都提升為真理（諦）的層次，這便是三諦的由來，若以圓融的角度來看三諦，便有三諦圓融的思想了。故回到三諦偈，因緣生法既是空、假、中道，則心作為一種因緣生法自然也是空、假、中道了。心是一無明法性心，同時又包含三諦真理的意味，此一背反的突破、超越就是真理的所在。覺悟成佛，就在對法性與無明當體一如的關係的覺醒，兼及兩者的相即轉換的實踐而得的。

吳汝鈞：這理講一心跟一切法的關係。這關係可以在兩個地方看出來，一個地方是「念只是處，處只是念」；接著，「無明法性十法界，即是不可思議一心具一切因緣所生法。一句名為一念無明法性心。」這裏的意思不是那麼好解，與「一念三千」有很密切的關

4　除了〈天台學的核心觀念與實踐：對海外天台學研究的反思〉，頁 9以外，也可以參閱吳汝鈞的《中道佛性詮釋學：天台與中觀》，第二章〈中觀學的空與中道〉，頁 47-49。

係，要注意「不可思議」、「一心具一切因緣所生法」應連著一念三千來解讀。

可以這樣說，所謂「一心具一切法」、「一念三千」的意思很相近。如果從儒家的立場來講，是講天道、天理、天命這些形而上學的終極原理，有創生宇宙萬法的作用，引領宇宙萬法向一個方向活動，在創生的當下同樣也引領萬物向正確的方向運行，這是儒家的意思。佛教在此問題上，表面上似乎跟儒家說法有相通的地方，其實如果深入一點看，可發現兩者仍有不同。

天台學的「一念三千」、「一心具一切法」是說，心靈與三千諸法有同時生起、同時下降的意味。三千諸法、一切法、存在世界的存在性與活動，基本上都是受我們的「一心」所作用、所影響，這「心」不是實體心，所以我們不好說這心創生一切法，先不要像儒家那樣說「天道創生一切法」，不是這意思，而是說一切存在的東西、或者是三千諸法，它們都是存在在那裏。先不問這存在世界裏種種事物是甚麼創造的，先不要問這個問題，因為這是一種存有論、宇宙論，更擴大一點便是從形而上學來講，從此層次來講是「天道創生一切萬物」。這種宇宙論、存有論的看法在佛教是沒有的，因為佛教並不承認宇宙有個創生的實體，此實體創生宇宙萬物。佛教無此說，儒家才這麼說。

佛教的說法，先從三千諸法的存在性開始說心所面對的三千諸法。這個「三」是無所謂的，佛教流行小千、中千、大千的說法，宇宙向外一步一步開拓，開拓出很多宇宙、世界、中、小千世界、或者大千世界，這些都是用來描寫整個宇宙的實際內容，這些實際內容，儒家說是天道、天命創生的。佛教不說創生性，是就「一開始三千諸法已經存在」說起，而心靈如何與之互動，這就是「一念

三千」、「一心具一切因緣所生法」的說法。

　　這樣講的話，「三千諸法」、「一切因緣所生法」，其性格是善還是惡呢？是清淨還是染汙的呢？它們在這方面沒有獨立的確定性。「三千諸法」、「一切因緣生法」的性格有三個面向，其一是染汙的，另一個清淨的，另一個是無記，也就是中性的。這三種性格就是三千諸法的幾種可能性格，三千諸法到底是以清淨的姿態，抑或是染汙的姿態，還是中性的姿態呈現，關乎心態。這三千諸法是哪一種心態？不能自己確定，而是由心方面確定，就是說，三千諸法與心有一種互動的關聯，主要是心對三千諸法的影響。其實「互動」這字眼也不是很準確，互動的「互」是雙方的，雙方有對等的性格而互相影響，這就是所謂互動。可這裏嚴格來講不能說是互動，而是說三千諸法的性格是隨著心而轉，是清淨心還是染汙心、中性心此三種狀態，三千諸法的狀態是隨著心的性格而轉。就是心是清淨時，三千諸法是清淨法；心若是染汙，三千諸法皆是染汙；心若是無記，三千諸法也是無記、中性，沒有染淨的問題。我們先要弄清楚這個意思，了解天台的困難在這裏。三千諸法的性格是隨這一心的性格，追隨它而有自己的性格。如果一心是淨的時候，三千諸法就有相應的狀態、淨的狀態出現；如果心是染的，那三千諸法就會有染的性格；是無記的，就有無記的性格。所以我們可以說，這三千諸法的性格隨心的性格「隨起隨滅」，隨著心的染汙、清淨、無記這幾種性格來決定。心如果是在清淨的狀態，三千諸法也是在清淨的狀態。總之，三千諸法的清淨、染汙、無記，都是不能獨立講的。三千諸法的淨、染、無記無法獨立地確定，三千諸法與心是追隨的關係。所以我們可以有這樣的了解，心與三千諸法是一齊生起，一齊消散，所以這方面有唯心論，或者觀念論的意

味在裏面。

　　故可以說心對三千諸法有確定的作用，因為三千諸法的性格是隨心的狀態而轉變。如果心是清淨的狀態，三千諸法是清淨的；如果心是在染汙的、虛妄的，三千諸法也會是虛妄的、染汙的；如果心是在無記的狀態，三千諸法也在無記的狀態。所以三千諸法不是從心生，儒家才這樣講。它只是從淨、染、無記的性格來講，心的性格很重要，它會影響三千諸法的狀態。三千諸法的化淨、化染、化無記是隨著心的腳跟轉，故可說三千諸法的性格是淨、染、無記的性格，都是跟著心來轉。如就這點來看，心的實踐就非常重要。

　　若要在這裏建構清淨的存有論、清淨性格的生活世界，就要在工夫方面著手，讓心有清淨的性格，再以心的清淨性格引領三千諸法，使它們成為清淨法，就此而言，「一念三千」，或「一心具一切因緣法」，它的實踐就非常重要。有人認為天台宗有一套存有論，這其實不大對，所有佛教，或者說大部分佛教不會重視存有論，而是重視如何覺悟、如何解脫，重視工夫實踐的方式。存在世界是善是惡是染是淨，它們沒有獨立的自己決定自己的力量，而是藉由心的熏習所影響，心如果是淨三千諸法亦淨，心是染三千諸法亦染，心若是無記三千諸法亦無記。所以心對三千諸法在性格上有同起同滅的關係，這就是「一念三千」的意思。

　　如果能了解一念三千，那麼一念無明法性心就比較好了解。因為這三千諸法的性格有三種呈現，淨、染、無記，「一念三千」的「一念」可以熏習、影響三千諸法的性格，是淨、染、無記的性格。這是了解天台哲學的關鍵解讀、關鍵講法。故說天台是存有論、華嚴是觀念論並不對。存有論、觀念論是西方的東西，不能胡亂應用到東方，特別是佛教的思想裏面。

　　如果「一念三千」、「一心具一切因緣生法」能了解，那一念無明法性心就可以了解。一念是無明，一念是法性，要看你的心怎麼活動，它可以走無明的路，可以走法性那邊，更可以走無記那條路；心走哪一條路都可以影響三千諸法的世界、存在的世界，三千諸法總是跟著心來講。這就是天台思想挺難解的地方，很多人都有這個誤會，以為這個「三千諸法」、「一念三千」是由心創造的，這種了解是儒家的，不能用於佛教。又有人認為天台學主要在講存有學，這也不是，因為存有學裏面的「存有」，要有它的獨立性、獨立存在性，可天台裏講的三千諸法的化染、化淨、化無記不能自己決定，要由心決定，所以存有論的說法也不對。關鍵在說這心靈怎麼轉，因為心靈是不斷在轉，不斷生起念頭，所以心靈的實踐最重要，要向清淨方面，或者向染汙方面開拓，或向無記沒有特殊的性格，怎樣做、怎麼做就會影響三千諸法的素質、性格。

　　這個一念三千、一念無明法性心，或者說一心具足三千諸法，對於這些思想，我有另外一本書專講這問題：《天台智顗的心靈哲學》，只有三章，不超過 200 頁，專講這問題，商務出版的，這就是我們今天講的，關於心與三千諸法的關係。

　　「不可思議一心具一切因緣所生法。一句名為一念無明法性心」是最費解的，因為它完全脫離邏輯，像弔詭、辯證法來開拓，我先梳理一下。它說：「一心具一切因緣所生法」，這種講法的思維背景，很少人講得清楚。說一心具一切因緣所生法，如果在大陸，以前的學者用馬克思、列寧理論來說，這是唯心論。「一心具一切法」，「一心」就是心靈，包含一切因緣所生法，就馬列主義來看，這是很典型的唯心論，這是反革命的，是資產階級的，不正確的，不符合馬列主義的。他們就是這樣來了解。現在比較開放，

唯心論對他們而言不再是異端邪說。在哲學思考裏面，有兩種性格截然不同的東西，一種是「心」、一種是「物」。如果從唯心論來說，物的基源在心。

從基源性來看心跟物哪個比較有終極性、基源性？唯心論會說心有終極性、基源性；唯物論會說心跟物是不同的層次，「物」是最根本的，就存有的層次而言一切都居於物下面，物總是最先的，心是跟著物發展，這是唯物論。幾十年以前講到心、物這些形而上的問題，一定要講心在物後、心是由物發展出來的，你不這樣講他們就批判你，說你的心裏面有反革命的成素，是資產階級的，尤其是文革的時候，大批判，要把你鬥死、鬥垮、鬥臭，沒有商量的餘地。所以當年熊十力碰到這種問題，他不講唯心論，可是也公開反對唯物論，所以他的處境比較尷尬。因為照他的學說來看屬於唯心論，他講體用論裏的本體，向觀念論、唯心論那邊傾斜。可是他不能公開地這樣講，一來出版社不會出版這些書籍，另一方面政治當局對於這些言論不會允許，在意識形態上會說反革命、反人民、反黨、反社會主義。那熊先生遇到這些問題他怎麼講呢？他說心跟物連在一起，是同一個根源，只是從不同方面來說，如果從心方面來講就是唯心論，如果從物質生產、經濟方面來講就是唯物論。所以不講唯心論，也不講唯物論，只說心物在層次上沒有高低之分，是同一個根源，他只能這樣講才活得下去。如果講唯心論在唯物論的對反的方面，當局就不容許，不能在大學教書（實際上在解放後他好像沒有在大學開過課），也不能拿這些書去出版，所以熊十力才有這些補充。

這裏講「一心具一切因緣所生法」，共產主義者會說這是典型的唯心論。這是不明白唯心論、唯物論的走向，又胡亂說歷史必然

性。在他們看來最後的必然性，應該是唯心論會被唯物論打敗，禁不起唯物論的批判，所以在文革以前我們看到很多講宗教、社會、哲學的書在大陸流通，大家都持同一個立場——唯心論是錯誤的，是反唯物主義、反馬列主義，只有唯物主義才是真理，一切人的意識型態最後決定於物質。

其實這個問題，唯心論、唯物論哪一邊才有正確性、有終極性、基源性，我想要解決也不難。若說唯物論是對的，唯心論是錯的，唯物論比唯心論優先，在表示此一想法、思想活動、精神活動的當下，就已經經過心的作用、思考了，透過思考與語言來展現唯物的言論，便突顯唯心論對唯物論的先在性基源性了。另外若反過來說，唯心論比唯物論先，唯物論從唯心論發展出來，唯心論比唯物更有終極性、先在性，說出這種想法，還是要通過思考、語言文字來表現唯心是唯物的基礎。再講一片，若說唯心論是錯的、唯物論是對的，可是有一種弔詭的看法，你說唯心論是錯、唯物論是對，物質比心靈更有基源性，物質比精神更有優先性，物質決定意識形態而非意識形態決定物質，你這樣肯定唯物論，可還是一種思想的表現，還是要靠心靈的思考，才能說出唯心論是落後的唯物論才是先進的，物質是根源的，心靈是導出的。這樣講還是需要思考的活動才能分別，所以唯心論最後有一重防線：說物質是心靈的基礎，這就是唯物論，可是這樣說也以一種哲學的論說來講，這是逃不掉的。說唯物是對、唯心是錯，物質比心靈更有基源性，此說法的背景，這種說法如何可能，還是要經過心靈的思考才行。這樣說，還是要在心靈的思考活動中展示出來，所以唯心論、觀念論有一個不可擊破的基礎在裏面。若就心靈跟物質的先在性、優越性來講，心靈比不上物質，這個意思還是要通過思考、語言表現出來。

思想是心靈的思想，不是物質的思想，所以這可以見證唯心論有不可動搖的地位，這非常重要。

瞿慎思：腦神經學家說，有思想是因為有突觸，突觸越多智力越高，比較有多一些思想，就腦的結構來說科學家會贊同唯物主義。

吳汝鈞：腦神經的運作還是一種物理、唯物的運作，提出這種見解還是唯心、心靈的活動。若說有甚麼大腦就有甚麼活動，沒有這種大腦就沒有這種作用、認識思考的作用，你提出這種了解，還是一種心靈的活動、精神的活動，是不是啊？

瞿慎思：嗯。

吳汝鈞：你說大腦比心靈的思考活動優先，說出這句話「認為大腦的活動比較優先」的背景，之所以能成為一種可能，是因為有一種心靈的活動、想法。

瞿慎思：就存在的時間來說，物質存在的時間比思想早。

吳汝鈞：可是說「物質先於思想」的背景，你會這樣講是因為你這樣想。

瞿慎思：可是在我的思想論述底下，當要表達一事的時候思想的作用凌駕物質，這是存有層面的。但是儘管沒有思想，物質還是存在，這樣可以嗎？

吳汝鈞：可以這樣講，這樣是設定了思想比大腦的作用有先在性，不然就不可能有這種講法、思考的方式。你說沒有思想，譬如知覺，能說物質對向存在嗎？

瞿慎思：因為我們現在在做後設的討論。

吳汝鈞：你說這樣說是一種後設的講法。就好像羅素把思考、看法從心靈思想的活動這一範疇抽出，說「我這種講法，不能看成是一種思想的活動」，這樣才行。可明明是你有這樣的想法，逃不掉啊！說物質比心靈更有先在性，這句話的基礎還是要從心靈的層面、以心靈的思考作為基礎才行。比如，「天下的人都講謊話不講真話」，那「天下的人都講謊話」這句話是否能把它放在謊話內？如果可以，那你說的那個謊話就是謊話。羅素在這裏要把語言的運用做一徹底反思。「人人都講謊話」這句可不可以可放在謊話中來看呢？如果可以的話，這句話就不成立，自相矛盾，這樣對於你所說「人人都講謊話」，可你這樣講也是謊話。說人人講的都是謊話，而你這種講法也是一種謊話，這樣謊話不就對消了嗎？所以羅素強調語言的層次，像我們剛剛說「人人講的都是謊話」這裏面的「謊話」可不能包括剛剛講的「人人講的都是謊話」這句話，不能放在裏面，不然就沒有邏輯的效力。這是羅素的講法，我們不一定要接受。

　　說物質比心靈更有先在性，是說物質比心靈更為先在，物質的活動會影響心靈的活動，例如大腦的構造會影響人怎樣思考。如果不講後設的問題，而說物質比心靈更有先在性，這句話就要假定心靈、思想活動可以涵蓋一切見解，包括「物質比心靈更有先在性」。這裏有點難解，牽涉到語言哲學問題，通過這個語言表達某種意涵，此種語言就要先有一個限制，這個限制就是我所說的有關語言的、種種的性格、種種的情況，不能給包含在我所說的語言裏面。

　　這真的有弔詭的思考，那弔詭是不是真理呢？是否只有邏輯才是真理呢？其他弔詭、辯證法就不是真理？這裏就轉到邏輯跟弔詭、邏輯跟辯證法的關係、分別，是不是說邏輯才是思考，弔詭、辯證就不是思考？抑或說邏輯思考才是正常人的思考，弔詭、辯證不是正常人的思考呢？這讓我們想起來，以前蘇聯有一些傑出的科學家，認為唯物論沒有終極性，在先在性、優越性上物質比不上心靈，其實這裏面表現出一種弔詭、辯證的說法，可是蘇聯政府就把他們關在西伯利亞，說他們有精神病，要關起來，以免他們影響其他人，這樣做對那些異見分子在精神上有很大的傷害，他們只是提出一些洞見、有智慧的看法，把洞見看成是一種精神病，還把他們關在監牢內，這種作法比起把他殺掉還要更難過，這是所謂「屈辱」。我有一本書叫《屈辱現象學》。這就是一個知識分子最大的屈辱，明明思考正常，甚至超越一般、比一般人高一層次，於是他們提出這個超越的見解，可把他們看成是一個精神病人，這種屈辱要提告，可是能提告嗎？能告蘇聯政府，告一個國家嗎？

　　回到「一心具一切因緣所生法」。表面上看來是存有論的講法，一切法能有客觀的存在性，是因為以一心為基礎，所以這裏很容易向存有論那邊傾斜。像「一念三千」、「一心具一切法」的講法，就有人根據這些講法來說天台宗有其一套存有論。天台宗對諸法的存有性、存在性有一根源的說明，這句話是牟宗三提的。他說在佛教裏有兩種想法，其一是對一切法沒有根源的說明，如般若思想、中觀學，二者皆講「空」，可是這個「空」不代表諸法的根源，它只是展示諸法的本質、普遍性，是空無自性；另一種是對諸法的根源有說明，最明顯的是唯識宗，然後才是天台宗。唯識宗對諸法有根源性的說明，一切法的根源是種子。天台宗對諸法有根源

的說明。這一點我個人始終無法認同，雖然我對他非常尊敬，因為我覺得這跟佛教的根本理想不符合。佛教畢竟是一種宗教，不是一套純粹理論性的哲學，有其一套宗教的目的，其目的是甚麼呢？是「普渡眾生」，與存有論沒關係，只有工夫論意味，佛教理想是透過種種實踐來普渡眾生，這種實踐與存有論很難找到交集的地方。從思想史來說，佛教的主流從來沒有重視存有論，故在此要講出一套形而上學，我看不太可能。換句話說，存有論不是佛教思想的重心題材，他們最關心的不在如何保存存在世界，而是要證成他們的解脫、普渡眾生。說「一心具一切因緣所生法」，又說「一念三千」，這好樣像是存有論的想法，可是其矢向不是向存有論。

　　要證成佛教的真理，成就解脫的宗教目標，得在這個存有的世界中進行，而不能離開存在的世界。我們無法想像在存在的世界以外有個地方叫涅槃，叫空，只要把關心聚焦在存在世界以外——所謂空、涅槃的境界，不能這樣做。若問存有論、工夫論哪一方在佛教比較重要呢？若提出這個問題，答案很明顯，佛教要成就的不是存有論而是工夫論這一面，要採取怎樣的實踐方法才能讓自己體證終極真理、成覺悟得解脫，最後再回來完成普渡眾生、宗教的大事大業。

　　所以說「一念三千」並不是一念就能產生三千諸法。「一心具一切因緣所生法」，也不是構造論，「一心」不是能造出「一切因緣所生法」，或者一心讓一切因緣所生法有存在有論的根源，使他們有存在性。如果不是從存有論來看，那就只能從工夫論、實踐論來談。該怎麼了解呢？所以在這邊要用不同的思考看這些問題，一念三千、一心具一切法，並不是說一心是所有法的存有論的根據，而是從實踐說一心與諸法都成為一體，有圓融無礙的關係。也就是

一念或一心並不創造三千諸法，那三千諸法就擺在那裏，看是怎麼引導它、帶領它，讓三千諸法隨著工夫實踐、成覺悟得解脫而明朗起來，他（天台智顗）是在這種脈絡下提出「一念三千」、「或一心具一切法」。

　　基督教說上帝創造萬物，這樣問題就解決了。像宇宙一切的事物，花草樹木山河大地日月星辰……等，都是上帝創造的，這樣講起來很簡單，可是有無理論效力、客觀性呢，這樣講很難說，究竟有沒有上帝呢？吳嘉明你說有沒有上帝？

吳嘉明：在認知條件下感受不到。

吳汝鈞：你是說我們在認知能力內很難接觸上帝，人的能力有限，沒有認知上帝的機能，可以說得過去，但沒有面對我的問題。有沒有注意中古有叫 Thomas Aquinas 的神學家，用理性的方式來證明上帝的存在。也有人說，你看整個世界配合得這麼好，每個地方都展現出它的光明、璀璨的前景，一般人做不到，一般有生命的眾生辦不到，只有全能的上帝才能做到，這世界只有萬能的東西才能把它做出來，而上帝就是萬能的，大概是這樣說。

　　而且如果我們這麼說一切東西都是上帝創造，就很能回應剛剛提的問題——對於一切存在都有一個根源的說明。根源的說明在哪？在上帝，因為上帝是全知、全善、全能，祂無所不知、無所不能、無所不在，這樣的上帝能對一切根源做一個說明，這個根源就在上帝。可是這種說法我們能不能接受呢？這樣的問題爭論了將近 20 個世紀，沒有結果。康德的批判哲學提到的認知能力——包含感性、知性——這些認知能力只能讓我們了解現象界的東西，對於本性、有無限性的東西，人類就無法了解。有無限意味的東西，如

物自身、上帝存在、靈魂不朽、……等這些人不能認知，既然不能認知就不能講，不能在純粹理性、理論理性能發生作用的範圍講，本性、無限性就不能放到這個範圍談，所以康德把它們放在實踐理性來講，來處理形而上學的問題，這是康德的看法。

最後，上帝存不存在呢？這不是理性的問題，而是信仰的問題，因為人的心靈活動方式、型態有很多種，一方面是認知現象世界的事物，這是認知心所能做到的；另外一種能力，就是道德實踐，一言一行要符合道德的標準，這是實踐理性的問題。康德有注意到宗教這方面。我們的理性有這方面的功能，成就道德、科學、藝術，可是在宗教層面還是有所保留。如果參考胡賽爾（E. Husserl）的現象學所強調的明證性，上帝對我們人來講，並沒有明證性，我們不能像一般事物一樣地說上帝是存在的，因為上帝對我們來講沒有明證性，我們這裏把它看成信仰的問題。

再回到一心具一切因緣所生法、一念三千法，這三千諸法本無淨無染，是中性的，諸法是被動的，是善是染要看心怎麼帶動它們，所以這裏要將「一念三千」、「一心具一切法」，從存有論轉移到實踐論上。人們對世界的感覺都很不一樣，樂觀的人認為甚麼都是好的，「明月松間照，清泉石上流」，你看，這多好？「江山如此多嬌，引無數英雄共折腰」，毛澤東也這麼講。

一心具一切法，江山如此多嬌。山無所謂嬌，而是由心靈帶動。如果心是光明、璀璨、善良，那這三千諸法也就跟著心靈的狀態在轉，是有一點唯心論在裏面，心的狀態、修行境界到哪，三千諸法也隨著心靈轉。心靈有一種力量，可以帶動三千諸法在轉，從黑暗轉到光明，從「江山如此多黑」轉到「江山如此多嬌」，它有這麼一層的作用。大陸的山水畫大師李可染在成熟期以濃黑的墨著

色，在文化大革命期間被批鬥，認為不追隨毛主席寫江山如此多嬌，卻寫江山如此多「黑」。如果這樣了解就不會從存有論的眼光來看，一般我們講存有論是予客觀種種的事物以獨立性。可這個天台的講法，與事物的獨立性沒有密切的關連，從存有論來看，與佛教素來關心的重點並不相應。佛教關心的不是存有論、構造論，而是體證終極真理、得覺悟成解脫及普度眾生，跟存有論沒有直接關連。牟宗三先生可能因為他喜歡講存有論，就把天台這一套講成存有論，他對存有論有所偏愛，而且還提出一個比較複雜的名相——「本體宇宙論」。《心體與性體》常常講「本體宇宙論」，牟先生提出這個名相，並把本體與宇宙連結起來，向存有論那一方面開拓。聽他講宋明理學的時候，覺得挺有意味、有趣的，然而這種理論，實際上與佛教很難有密切的交集。

吳嘉明：那佛教的「法體」呢？

吳汝鈞：法體是小乘佛教說一切有部提出的，跟本體宇宙論沒關聯。

吳嘉明：我是說《心體與性體》有講到「空體」，他把佛教的「空」視為一個「體」，並且用存有論解釋它。

吳汝鈞：空怎麼能成體呢？體就是實體，空就是沒有實體，所以就矛盾了。

吳嘉明：他是用「空體中心」來說，但是「體」的意味沒那麼強烈，我覺得它是一種權說。為了跟心體性體的體做比較，所以說空體。

吳汝鈞：我沒有注意到牟先生這麼說。應該不可能講空體，空就是沒實體的，怎麼能講「空體」？儒家強調，真理有實體，他們講天理、天道、天命、心體、本心、良知良能，不同的儒家人物有不同的字眼。總的來說，真理要從實體才能講，有實體才可以講真理，沒實體就不能講真理，這是儒家一貫的立場。佛教恰恰相反，沒有實體的才是真理，有實體就不是真理，因為有實體對真理會產生誤解。儒、佛最大的不同在這裏，對真理的瞭解、體悟完全不一樣。佛教也不會同意基督教講的上帝，只講因緣所生法，一切存在都是因緣聚合而生起，不會有創造主創造萬事萬物。佛教也反對「神我」的說法：一切諸法都從「神我」生起，這「神我」包含基督教的上帝、婆羅門教的大梵，佛教認為這是對真理不正確的了解，真理要從「沒有實體」、「空」來講。

今天我們只講兩個題材，一念三千、一心具一切因緣所生法，天台宗對存有論不是那麼強調。另外則是唯物、唯心的問題。

下面有個名相「不可思議」，不能用一般的道理、常識、邏輯來理解，因為它是弔詭的、辯證法的。所以「不可思議」有弔詭性、辯證性的思考在裏面，真理對平常人來講都有弔詭性。凡是有弔詭意味的都是不可思議，如天台的「不斷斷」，這裏面有兩個「斷」，不斷的斷，最後的那個「斷」有覺悟的意味，斷除一切生死煩惱而成解脫，這是不斷斷最後那個「斷」的意思。中間的「不斷」的斷，是跟世間一切斷除關係，所以這兩個字眼的意思不完全一樣。「不斷斷」的完整意思是，不斷除與世間種種法的關係，而了斷、徹底解決生死問題。像這種講法在天台宗常常出現。如煩惱即菩提，生死即涅槃，都是相反的，怎麼能相即呢？這是從思辯、思考的方式來講有弔詭意味的境界。

六、法性與無明當體一如

「一念無明法性心」包含法性與無明所成的背反的面相，但要如何才能克服這背反？此中的關鍵是探討法性與無明的存有論意義的根源問題：兩者具有不同的根源抑或是相同的根源呢？於此，智顗提出清晰的回應：法性與無明都源自於同一體的心，二者的差別只在狀態：

> 凡心一念，即皆具十法界。一一界悉有煩惱性相、惡業性相、苦道性相。若有無明煩惱性相，即是智慧觀照性相。何者？以迷明，故起無明。若解無明，即是於明。《大經》云：「無明轉即變為明。」《淨名》云：「無明即是明。」當知不離無明而有於明，如冰是水，如水是冰。
>
> ——智顗《法華玄義》卷五[5]

在這裏智顗舉水與冰為例說明「一物未曾二」[6]，水、冰不是分離的東西，卻是同一種東西的不同狀態而已，法性無明也是一樣，既是同一體性，自然不可能在無明之外追求法性。

作為背反的法性（善）與無明（惡）總是互相關聯又互相排斥，兩者在存有論上對等，具有同等的力量，它們同存於一個生命

---

[5] 《佛教的當代判釋》，頁 466-467。

[6] 智顗《摩訶止觀》卷 6：「無明即法性，無復無明，與誰相即？如為不識冰人，指水是冰，指冰是水，但有名字，寧復有二物相即耶？如一珠向月生水，向日生火，不向則無水火，一物未曾二，而有水火之珠耳。」《佛教的當代判釋》，頁 466。

中，離開善或離開惡，生命便無從說起。沒有生命，善或惡便無容身之處，其存在性也不能成立。若要拆解善惡這個背反，只能訴諸工夫實踐，從根基上突破這個背反，讓善站立、突越出來，成為絕對善。智顗有如斯比喻：

> 又凡夫心一念即具十界，悉有惡業性相，只惡性相即善性相，由惡有善，離惡無善。翻於諸惡，即善資成。如竹中有火性，未即是火事，故有而不燒，遇緣事成，即能燒物。惡即善性，未即是事，遇緣成事，即能翻惡。如竹有火，火出還燒竹。惡中有善，善成還破惡，故即惡性相是善性相也。
>
> ——智顗《摩訶止觀》卷六[7]

智顗在這裏把善與惡的關係用火與竹的關係作比喻，善與惡、火與竹是結合在一起並且是背反的。「如竹有火，火出還燒竹。惡中有善，善成還破惡」，善建立於破惡之中，惡既破，便只剩下善，所以這裏的善與惡都是相對性。既然善惡相對，相對的惡破了以後留下來的便是相對的善，但仍不臻於絕對，可是以絕對性為根本的覺悟成佛於此還不能說，這是智顗背反問題在思想上的漏洞。

　　正確的思維應該是，在相對性格的善惡背反中，存有論地埋藏一種純然是力在裏面，這力有創造的作用，故具正面價值，它不間斷地、不停地運作，但總礙於善惡背反的壓力，不能自由地展現。此力具有生生不息的創生力，故有偏向正面價值的傾向，以「向上轉動」做為表現理性的理由，因此當這個力能自由展現時，便總是

7　《佛教的當代判釋》，頁 467-468。

傾向於背反中具有正面價值、善的一方，善惡的背反是建立在善惡的相對上，背反一旦被銷融、突破，善惡之間便無相對性，此時力動所融入的善便絕對化了，成了絕對善。然而背反的突破，並不是背反的雙方外有個第三者在背反中冒起來突破背反的雙方，如法性與無明形成的二元對立格局（Dualität），第三者摧毀背反而以自己代替。毋寧是，突破背反的力量，還是內在於背反自身，而背反的雙方是同體性的。

吳汝鈞：它這裏主要是說法性跟無明，雖然有名字上的差別，也是對反的性格，但是它們的根源、來源都是心。所以當我們說法性的時候，就是心的法性，心處於法性的狀態就是明；當說無明的時候，無明也是心的狀態、心的無明。從這裏來說無明法性當體一如，通過同體，同以心為體說明相即無二，講它們相互同一、認同的關係。不過還是要注意，無明畢竟是無明，法性畢竟是法性，當我們將無明、法性各自抽離來看，無明依然表示心還在迷執的狀態，所以心表現為無明。如果從善惡來講，心靈還是向惡法那邊傾斜；當心轉到法性的狀態，當心是法性的狀態，便表示心能展現出明覺、覺悟的狀態。心的狀態由無明轉變為明、明覺，能體證諸法的真相、緣起性空的狀態。本來這裏它是把圓覺的內容說得十分透澈，只是說這兩種狀態都是同一心靈的不同表現，一面是法性，另一面是無明。可是不管狀態有何轉變，都是內在於心靈裏邊來講，所以它們從來沒有離開此一心靈。從此脈絡來說，始終是「一物未曾二」，在這裏智顗舉水與冰為例說明「一物未曾二」。不管他們是無明還是法性，狀態不管怎麼變，還是不能說完全的分別、分離，因為從內容的本質來講，它們都是一心的兩種狀態，如同水跟

冰始終都是狀態上的不同，內容還是完全一樣，在化學上還是
H_2O 水的分子，由兩個氫原子一個氧原子構成。若將水的分子加
以分解，可以得到氫跟氧兩種不同的原子，冰、H_2O、水、水蒸氣
也是 H_2O，所以水不管是液體、固體，還是氣體，都是由 H_2O 構
成。智顗這邊是就固體、液體的兩種狀態，水、冰根源上同為
H_2O，來比喻心的無明與法性兩種面相，故無明與法性也源自於一
心，只是表現的樣態不同。水與心不完全相應，但有相類似性，不
太影響解說。

再就問題繼續探討下去，無明與法性好似水與冰，雖然背景、
內容完全一樣，然而在狀態方面還是有分別。心的狀態時法性、時
無明，不同的狀態影響心的活動。如果心在無明的狀態，就是迷
執；如果心在法性的狀態，便表現為明覺，就像水 H_2O，在液體
是水，在固體是冰，也是 H_2O，不過在形態上還是有固、液之分，
所以還是有差異、分別存在其中，可說這是「圓融裏面的分別」。
若把這點說到底，兩種東西不管內容、狀態都一樣，要完全一樣才
是徹底的圓融關係，可是水與冰之間還沒到徹底圓融的關係，雖然
水與冰內容完全一樣，可是狀態不一樣。如水在南極北極的表現，
都變成了冰，那裏的氣溫低於水的熔點，在物理狀態下水結成冰，
海水在兩極的表現形態是冰；可是如果在赤道、溫帶，水就以液體
的狀態表現，因為那邊的環境、氣溫高於水的融點，於是 H_2O 的
分子就變成水的形態出現。同樣是海水，在溫帶、南北極的海水一
個是水，一個是冰，內容雖一樣可是狀態不一樣，這樣就不是徹底
圓融的關係。它們還不能說是同一，因為狀態上不完全一樣。

回到心上說，覺悟是心靈表現為覺悟的主體，能發揮明覺的作
用，這心靈就是佛性，能表現明覺的作用。可是如果佛性迷失，不

能顯現原本的明覺，便以無明、執著的狀態顯現。心一邊是明覺，一邊是迷執，還是有兩種狀態、兩種不同的表現，故若說無明法性是圓覺，還不能算是完全的圓覺，因為真正的圓覺應該是在體性、內容完全一樣。可是呈現上仍分明覺、迷執，一心仍有不同的面相，所以不完全是圓覺。這種圓覺還不能算是徹上撤下徹裏徹外的圓覺，還是有狀態上的不一樣。所以這圓覺同一的程度、相互等同的關係還是有限度，不能算徹徹底底的同一性。

如果拿圓覺的思考與「純粹力動」的思考一起比較，還是不完全一樣，因為天台講佛性圓覺儘管內容毫無過失，完全正確，可是如果表現形態上有差異，就是不完全徹底的圓融、圓覺的表現。因為是固體、是液體還是有那麼一種因素使水有形態上的變化。不能說這問題來自內容，因為同樣是 H_2O 的分子，可是在狀態上有差別，這是另外一個因素的影響，形態上有另外的因素，甚麼因素呢？氣溫。海水在北極、南極是固體，溫度是零度以下，可如果溫度上升到了十五、二十度，氣溫不一樣，水的狀態也就變成液體。海水的內容固然沒變，還是 H_2O，這種狀態上的不一樣不是內容、內在的問題，是受外在因素影響而變化。

所以在這裏我們講圓覺、圓融的關係還是有它的條件，好像水與冰一樣，是甚麼狀態要視溫度而定，溫度不是水裏面的因素而是水外面的因素。如果把水與冰應用到法性與無明的比喻，這個比喻還是用得好。

法性與無明的來源是心，內容本質是佛性，可是狀態上一是明覺一是迷執，還是不完全一樣。這與我講的純粹力動現象學，從超越、形而上的層次講體跟用上是不完全一樣，是徹上撤下撤裏徹外的圓融關係不一樣。就是說，這純粹力動本來就是一種動感、超越

的力量，可是這種力量是從活動裏面展示出來，就是說純粹力動本身就是一超越的活動。既然是一種活動，力就在裏面。一個東西沒有力量它怎麼活動呢？不能活動。純粹力動是超越的活動，它本身就能發出力量，不用在它以外找力量的來源使它活動，它本身就是一超越的活動而力量存乎其中，不用在外部找一個力量的根源，不需要額外的本體、體性讓它發出力量。黑格爾說的精神的實體，本身就能發揮精神的力量。宋明理學說有天道、天理、良知，就能發揮道德力量，此力量能作為成就德行目標的根源的力量。

純粹力動的情況，只要確認這個力動就行，不用找一個外在的本體，與力動的作用配對，所以純粹力動不需要體，故本體的作用沒有意義，因為它是融化在體的力動裏面，既無體用的觀念，更無須確定體用關係，作為形而上的原則，作為實體來發用。

這裏要弄清楚在純粹力動現象學裏面，因為體與用是在徹底圓融的狀態下表現，所以體用不光是不分離，而且無分別。這就跟熊十力的講法有出入，他講體用是「體用雖不二，可還是有分」。他這裏講「分」是體用關係重要的一點，體與用也可以說是在「分際」上不一樣。體是根源，用是發用，根源與發用畢竟還是不一樣的東西，根源與能力不完全一樣，根源能發出能力，能力來自根源。如發電機與電，發電機是根源，能發出電力，這就是體用關係。

可是「體用論」在純粹力動現象學中不成立，不需要講體用關係，純粹力動的關鍵點在這裏：無體用關係。如果這不能成立，那純粹力動這套理論就不能成立，以下講的就都會是廢話。可是這點我個人有百分之百的信心，可以說不講體用論的純粹力動現象學有百分之一百的比率是可以建立的。如果從宋明理學來看純粹力動現象學，就可以看到宋明理學還是要講體用關係，可是純粹力動現象

學就不需要講這關係。我舉一個例子，如程伊川說過「體用一源，顯微無間」，這幾個字眼可以回去好好看一下，琢磨一下。

　　所以啊，這裏在第二段的引文「又凡夫心一念即具十界，悉有惡業性相，只惡性相即善性相，由惡有善，離惡無善。翻於諸惡，即善資成。如竹中有火性，未即是火事，故有而不燒，遇緣事成，即能燒物。惡即善性，未即是事，遇緣成事，即能翻惡。如竹有火，火出還燒竹。惡中有善，善成還破惡，故即惡性相是善性相也」。這裏說火性與火勢，火性是能起的性格，能燒而未燒；火勢是已燒，都有火的性格，可是不能說完全一樣。火性是燃燒的種子，火勢是燃燒的現象，故可說火性是體，火勢是用，在現象層面這裏還可以說是體用的關係，所以關鍵點在「遇緣成事」。性能不能現實為能燒的火的條件，如我們抽菸，可以用打火機、火柴，火性要有火柴才能點火、燒煙、燒紙本的東西，故「遇緣成事」，遇緣造成實際的火。如海水跟海冰的分別在外緣的條件，也就是溫度的分別，遇緣才能「成事」，成就海水在不同溫度、不同外因下有固體冰、液體水的分別。起火的現象也是，火性與火勢也是有分別，火性要怎樣才能成為火勢？關鍵在是否遇到這個「緣」，如一個東西要燒，要有助燃物、可燃物，也就是要有火柴，古人可能用打火石或鑽木取火。下面接著說「如竹有火，火出還燒竹。惡中有善，善成還破惡，故即惡性相是善性相也」。所以這裏說惡、善是同一的，好像火性跟火勢是同一的，可是「未即是事」，是說火性還不能轉變為「勢」……好像這個惡跟善是不分離的，可還要「遇緣成事，即能翻惡」。所以關鍵點還是在「緣」，如何從惡性轉為善性還是要有「緣」，如果沒有「緣」，惡性還是流行，善性未能表現。雖可說善性還是在惡的背後，不可分離，可是沒分離卻展現

不出來，仍表示雙方之間有別。就像古代「周處除三害」，那三害分別是山中虎、水中蛟，第三害就是周處他自己。要怎麼除這三害呢？除了驅逐另外二害以外，周處還得把自己改造成好人，才能化解第三害。所以除三害的最後目標還是轉變他自己。

瞿慎思：若就純粹力動來講，老師就善惡講純粹力動，有個「向上轉動的力量」麼？會不會有個「向下轉動的力量」呢？明覺一定是向上轉動的嗎？

吳汝鈞：這就是在講我們怎麼突破背反的力量，以及背反力量的來源在哪裏。一個人在背反雙方的困局裏面，要在生命內部發出力量才可以把背反解構，突顯自己生命的力量。這裏也應該要有一個因素才能成立，要在怎樣的情況下背反才能被解決、超越，讓自己達到不受背反的困擾，心靈自由自在的生存下去。這裏需要一個機緣，這個機緣不好了解。當然可以說主要的力量、突破背反的力量，不應在外面，應在生命裏面，或者在背反的另外一面。可是這個突破背反、顯現生命內部的力量，要怎樣才能顯現、突破、解構背反呢？此主力就是自己的生命，它存在於背反的後面，可是你需要一關鍵性的原因、發動，如開槍要扣板機，一壓板機子彈就會飛出來。現在的問題是，本來有克服背反的力量，可是還沒顯現出來，仍未突破背反，還是生活在善惡構成的背反裏面而未覺悟，要將背反突破、解決的力量來自於何處呢？在裏面？外面？這是一深微的問題。如果突破背反的力量在生命裏面，就不需外在因素讓它發揮關鍵性的作用。如果是這樣，對一背反的突破如果能力是在生命中，就代表沒有外緣，隨時可以展示力量，突破背反。如果是這樣，隨時突破背反都可以，因為突破的機緣在你這裏。如果有這

種力量，背反應該會一下子就解決，不需要外在的因素來解決，這是內在的因素。

瞿慎思：如果用善惡背反就是迷執與明覺的關係，那明覺不能當作是純粹力動的自力嗎？

吳汝鈞：你剛才提的問題，特別在實踐哲學、工夫論上很重要，能提出這個問題很不錯。一個人常常因在背反中找不到生路，生死、善惡、有無、理性非理性都是背反，日常生活中有種種的背反，乃至貧與富都是。《紅樓夢》的賈寶玉很麻煩，特別是當他碰到背反的時候，他的問題可以用「貧窮難耐悽寒，富貴難堪寂寞」來形容，他在富貴的環境也活不下去，過不好，在貧窮環境中自然也不好。這是一個生活在背反裏面的人，他怎麼樣才能自覺到這個背反，進而產生突破背反的心願，覺悟到如果老是生活在背反的壓力下，人生就沒有甚麼意義，如果要過有意義的人生，如胡賽爾說的「生活世界」（Lebenswelt），有所成就、貢獻，需要怎麼做呢？如果這個關鍵的因緣在自身裏面，那就永遠有內在的力量突破背反，所以這種人應該不會有背反的問題，因為突破背反的機緣在他自己內部。可是如果突破背反的機緣不在裏面而在外面，要如何解決此問題呢？這點如果概括來說，就是如果機緣是在我們生命裏面，我們可以依靠自己生命裏的力量突破背反，得到覺悟，那就是「自力覺悟」。可是如果沒有機緣、力量，突破背反的機緣不在自己裏面而在外面，該怎麼解決呢？不同的宗教有不同的解決，概括地講就是「他力」，藉由外在的力量、因緣來引領你對這個背反有一種較強烈的意識，發出突破背反的意願，讓生命的素質可以提升，最後覺悟到終極真理。這是成就一個宗教的人格，如果是這樣

的話，就是他力的方式。

　　智者大師在這裏好像也沒有提出一種具體的方法處理這個問題，不過我們從中國佛學對宗教理想的了解、對現實的人有一種基本的認識──「一切眾生皆有佛性」，憑著這個佛性人應可以克服在工夫論上的問題，最後從無明與法性所成的背反突破、超越，而覺悟成道。天台的思想我想應該是屬於這種路數。可是在實踐上、工夫上還是要面對剛才的那個問題，其中非常有實踐的意味，不是空談理想主義、觀念主義的思想，而是在時間空間裏，身處於種種困擾的環境，如生死、善惡、有無這些問題、困境，要怎麼解決這些問題呢？在禪來講就是「生死大事」，要大死一番才能得到生機。所謂「大死」，就是要克服生命中最大的背反：苦樂、善惡、存在非存在、理性非理性……等，人生有很多很多的背反要克服。

　　若照京都學派的說法，背反的雙方，生死、善惡、有無……等背反，不能用所嚮往的那一邊去克服想逃離的另一邊，不能以生克服死、以有克服無、以善克服惡，因為兩個都具有對等的存在階位，不是其中一方較另外一方有先在性、超越性。解決的方式是從生命裏爆發一種力量，來突破背反，從背反的突破，背反雙方所構成的相對世界被突破後，心靈才會上提到絕對的境界，到了此境界，一切的生死、有無、苦樂、善惡對當事人而言，都不會成為煩惱，也使他達致宗教的目的。他們認為人本來在內部就有突破背反的能力，讓生命從相對的層次上提到絕對的層次，最後，人生的目的就能達致。

　　他們用一個句子來表示奮鬥的經驗──「己事究明」，生命裏種種苦痛煩惱的事情，都予以克服、超越。所謂「究明」，是從工夫實踐方面克服生命的種種困擾、背反。「己事」指生死大事，

「究明」指解決、解脫、達到宗教目的。對生沒有執著，對死沒有厭離，生死在生命裏就成了同一事的不同面向，所以也不會期望生存，也不會厭惡死亡。超越生死的兩極性，所以在這裏是無生也無死。無生就無死，有生就有死，如果能突破生死背反，就無生無死，死亡讓你產生的畏懼都沒有了，這就是「己事究明」。

以生死大事來講，人生遇到的種種困擾，當然不會限在生死裏面，不會只有生死的問題，而會有其他問題，如愛與恨。一個人的愛可以成為一種非常負面的東西，讓人感到痛苦，如父母愛子女是天經地義，絕不容有不同的意見，可常常有父母對子女的愛，越是愛越深，越容易碰上由這種愛所帶來的痛苦。一個人愛他的子女，但可能因為無法控制的因素失掉子女，這痛苦就越深厚，越愛就越會帶來同等程度的痛苦，那不是有點矛盾麼？在這種情況下要怎麼處理呢？你把他們的生命放在你的生命前面，生命的重大傷害就越會為你帶來深厚的苦痛煩惱，這就是人生的弔詭。人一生完全沒做壞事，努力工作養妻活兒，讓他們的生活可以過得好一點，可是為甚麼要承受這樣災難帶來的苦痛煩惱呢？這裏就有生死的背反、苦樂的背反的問題，如果這種背反不幸發生在你身上，要怎麼面對呢？這是非常考驗人生智慧的問題。

一個日本哲學家活到九十一歲，快過世的前幾天，家人非常哀傷，他本人原是安然無事，可他家人因為他快要走了，所以非常傷心地在他面前不斷哭泣，於是他安慰家人說：「不要難過，我不會死，因為我本來就沒生過。」有生才有死，沒有生何來死？他家人不太明白，結果他就帶著這個遺憾死掉了。這種人智慧太高，不能讓一般人、家人攀上、理解。有人生活在超脫生死的世界，有些則無法超脫生死的世界，這兩種人很難溝通。

　　所以問題是要怎樣克服生死的背反？要怎麼做才能解決這個問題？如果天台有人提這問題，尋求智顗大師的回應，這個問題是，人怎麼樣才能面對生死的問題，在生死的意識中能愉快的活下去？就是怎樣超越死亡的恐懼，安然的活下去，沒有懼怕死而想要偷生的心理，要怎樣才能做到？他會這樣回應：把這背反克服。可是要怎麼克服背反呢？其力量在哪裏呢？天台大師可能會這樣回答，生死是一體的，生是你的生，死是你的死，都是個人的遭遇，不管生也好死也好，生死都是同體，既然生死同體、同時發生在生命裏，就不要對生死產生執著，如懼怕死亡，愛戀生存，要把這種感覺壓下去，使身心安泰，泰然自若地面對死亡隨時會來臨。怎樣才能培養心靈、意志，認知到達這種程度呢？在這裏我們好像沒有看到天台的重要著作有提到這麼具體的問題。京都學派也從義理上來說「死不可怕，對生也不需要有太大執著」，不要對生有貪著、執著而厭離死亡，若能達到這種心理狀態，「生與死」問題就不會對你造成太大的困擾。可是有個問題就是怎麼想都離不開的，那就是讓你克服生死背反這種克服活動所帶來的疑惑。具體來說應該怎麼做呢？說到底就是「自力」還是「他力」的問題。天台會說這是自力的問題，他力對你來講並不能真正解決問題。如此可進一步問，既然要靠自力解決生死問題，那應該怎麼做？第一步該怎麼做？他們可能這樣回應，回到釋迦牟尼的原始佛教的「緣起性空」──關於人生、宇宙的真理──做一全面的了解。就是從義理上疏通生死問題，當能明白生死的性格，就對生死沒有畏懼，它帶來的困擾就會漸漸減輕。他們大概會這樣回應。

　　也可以提出這樣的問題，當你的親人、朋友被生死的背反壓迫，如得到癌症快死了，那他心裏一定非常恐懼，對前途一無所

望，要怎樣處理這問題，讓他輕鬆一點，心理安穩一點，不會太過恐懼呢？不能說難就不想，因為這是很現實、可能就在眼前的問題，要怎麼樣去消解他對死亡的恐懼呢？

瞿慎思：我會建議他，只能建議，因為這是個人處境的問題。我會建議他能在運用身體的時候儘量去做想做的事情，到快要沒能力做的時候，只好請家人幫忙，要讓他儘量可以把心放下來。

吳汝鈞：那如果他已經成為一個植物人，甚麼都不能做，心裏面只會感到無限的苦痛煩惱？

瞿慎思：植物人應該不會有苦痛煩惱，反而是他的家人、照顧他的人有煩惱。

吳汝鈞：我是說有些人雖成了植物人，可是他還是能夠思想，只是身體完全不能動。他思想是清楚的，也完全知道自己的處境，非常恐懼。

瞿慎思：因為他是植物人，所以我們也沒辦法跟他互動回應，確知他到底在想甚麼。所以我想，如果要真得幫他，應該是拿念佛機，或唱歌給他聽。

吳汝鈞：可是如果他沒有聽覺？

瞿慎思：我們無法確知他有沒有聽覺。因為剛才老師已經預設他可能可以思想只是不能表達，或許他有知覺我們不知道，所以只能講話給他聽。但是……嗯……植物人放在這樣的例子討論……因為也不能確定他有無煩惱，能放在這樣的預設裏面討論嗎？

吳汝鈞：植物人應該還是有思想、知覺吧，知道他親人在旁邊可是不能溝通。一個人遇到這種情況，的確是很大的問題。

林美惠：我曾有個朋友到了生命的盡頭，他知道自己生命沒很長遠，所以會說他還有甚麼事情沒做，他希望走了以後他的後事怎麼處理，可是他覺得現在狀況無能力管到那邊，他可以在走之前把想法跟配偶或子女說。

吳汝鈞：這算是一種可以參考的做法。

林美惠：我還看過一個朋友，在年輕的時候，她的先生因為一個被刀割傷的傷口，才十天就莫名其妙地被送去醫院急救，電擊呀甚麼的，因為心臟已經停了，怎麼急救都是沒效果，結果隔天清晨四五點的時候就走了。丈夫才四十出頭，妻子、孩子都還在讀書，因此妻子一蹶不振。往生者當然走了就走了，可是生者如妻子、孩子要怎麼走下去呢？這需要勇氣，可是這勇氣從哪裏來呢？這是一個問題。他們也是摸索了很久，一直遇到了宗教才定下心來，所以我覺得宗教的力量真的很大。後來我讀了一本書——《神聖的帷幕》，裏面有提到「神意論」，宗教就是在社會上負起一種拉回秩序（order）的責任，使社會得以在秩序下繼續運作，這就是「神意論」。後來我又發覺，母親在父親走了以後成為家庭的核心，母親在神意論下相信，她先生是在他所信仰的神的帶領下到了另一個更好的境界，這樣讓她覺得她先生雖然走了，可是精神與他們同在，於是經過痛苦的幾年以後，就慢慢這樣走出來了。

瞿慎思：這需要一點想像力，想像家人在天國的樣子。

林美惠：嗯，對啊。

吳汝鈞：可是這些情況，天台宗沒有提到，其他宗派也沒有提到這麼具體、瑣碎的問題。我可以了解宗教可以扮演重要積極的角色，使人把對生死的恐懼鬆弛、鬆開、看開。人總是有這麼一天會離開這世界，可是這並不是人生的結束，而是另一階段的開始。這是人生一種盼望。基督教不是有談「信、望、愛」麼？盼望非常重要，使人了解生命並非毀滅，使他相信死亡是生命另一途徑的起點，要讓她有盼望、希望，才有勇氣。生存下去也需要勇氣，要安然地死去也需要勇氣，就算自殺也需要勇氣，如果自殺不成功搞成植物人那些類似的情況，造成家裏、社會的負擔就不好了。

　　剛剛講了很多較具體的問題，智者大師也好，其他天台的繼承人也罷，也無具體面對這方面的問題。廖鈺婷你怎麼想？有沒有想過這樣的問題？

廖鈺婷：曾經想過……嗯……曾遇過一對年輕夫妻，我跟太太比較熟一點。他們感情很好，沒有小孩，兩個都是老師，先生在私立學校教書，大概在去年春天左右，先生帶完晚自習，因為天色昏暗，看不清楚，就從樓梯摔下來，壓迫到心臟，可是因為在私立中學教書很忙，所以沒空看醫生。等到問題變大，開始有腹水，也不過一個禮拜，在一個禮拜過後先生就走了。夫妻兩人都還很年輕，不到四十歲，所以根本不會想到這問題。先生走了以後，太太除了悲傷難過，還要手忙腳亂處理先生的後事。所以我覺得，如果自己知道自己真的快死了，應該在自己能力之內把該做的事情做完，例如像郵局存款、保險等等，不要給家人太多麻煩……應該趁自己還活著的時候先辦妥生前的契約等事情吧。

吳汝鈞：人生最後的時候還是要積極的想一下，如何用剩下的時間把比較重要的事情做好安排，這樣心裏會比較安樂、穩定一點，比較不會有從生到死、從天堂到地獄的震撼感。我想我們要了解死亡不是生命的結束，而是另外一種生命途徑的開始，要有這樣的心、想法，才能安然走向死亡。因為今生走一條路，死後只是換另一條路走，而那條路也是充滿希望、會感到愉快的路。我想這麼想，對未來、對死後就會有盼望。

瞿慎思：這不是有宗教信仰的成分在裏面嗎？

吳汝鈞：當然有啊。

瞿慎思：那這樣對沒有宗教信仰的人怎麼辦？

吳汝鈞：我想有一點需要想一下，人從出生到死亡，整個生命的歷程到底是怎麼一回事？What is the meaning of life as this? 人從出生以後在實踐上做了很多事情，最後又離開這世界，人生到了最後應該都會想一下「我這個人生到底是甚麼現象」，有宗教信仰的人當然有答案。可是一般沒有宗教信仰的人不見得有答案。你為甚麼出生？為甚麼死亡？從生到死這麼長的一段時間，好像都在做別人已經安排好的工作，讓你這樣走？當然最後還是要離開這世界，可能到其他世界，這很難說。這一種現象到底展示了甚麼意義？What is the significance of your own life as this? 這種現象究竟有甚麼意義？基督教的人會說這是上帝的安排，佛教會說這是緣起。有機會不妨可以想一想這個問題、這現象背後的意義。

第五章　佛性圓覺：
慧能禪、馬祖禪與臨濟禪

一、慧能與祖師禪

林美惠：對於禪，特別是它所展示的心靈走向、取向方面，吳汝鈞頗有個人的一貫看法。他認為禪的發展有三個方向可說。

一是分析性格、分解性格的，心靈作為覺悟成佛的主體，是清淨無染的，是超越於經驗層面的。這便是傳統下來所說的「如來禪」，表示它是從如來藏自性清淨心觀念開拓出來的。禪的另一個走向則是綜合性格、辯證的、弔詭的性格，它的心靈不純是清淨，也不純是染汙，而是一種平常心。這種心靈同時涵有清淨的與染汙的內容，這兩種不同的、相對反的內容總是擁抱在一起，而成一個背反（Antinomie）。你需要從這背反翻騰上來，突破背反，臻於無清淨、無染汙的絕對境界，才有覺悟可言。這便是所謂「祖師禪」。禪的第三個走向則是如來禪與祖師禪的折衷性格的遇合。它一方面講清淨心，這近於如來禪；另方面它走頓悟之路，師法慧能

禪。走這個路向的有慧能的直下弟子神會。宗密也屬於這一
系。[1]

吳汝鈞：這裏先說明禪在中國的發展。它經過一段非常長的時間，
從菩提達摩開始，一直經過四代，傳到弘忍是第五代，慧能是第六
代，慧能之後禪的發展顯得非常的寬廣和深刻，發展出五個宗派。
在宋元這段時間基本上只是把慧能的禪法繼續發展下來，沒有重大
的突破，所以自達摩到慧能以及慧能弟子神會，我們可以把禪法分
為三類。神會以後禪就沒有很特殊的發展，禪傳到日本才有進一步
的發展，譬如，繼承曹洞宗的道元，他從日本坐船到中國學習曹洞
宗的靜坐方式，回到日本創立日本的曹洞宗。這種禪法講究靜坐，
它的口號就是「只管打坐」。這種禪法跟慧能有一點分別，慧能禪
比較開通，他認為可以通過行、住、坐、臥的種種方式來修禪，無
論是走路、站在某一地方、坐著、躺著都可以修禪。慧能強調，如
果一個人很疲勞、很累、很想睡覺，那就休息，不要勉強。修禪跟
睡覺不一樣，修禪時意識還是在活動的，要專心的不讓意識出現各
種念頭、想法，這種實踐工夫跟睡覺完全不一樣，很多人碰到這問
題，尤其是晚上打坐時，工作一整天，到了晚上打坐，很想睡覺，
那就去睡覺，不要勉強，睡飽了再打坐。道元把禪帶到日本，打坐
要到「念而無念」的境界。所謂念而無念的意思，就是還是有一些
念想作用，但不會執著這些心念，心靈的自由自在性就可以貫徹下
來，持續的發展下去。曹洞禪也是慧能禪的一個發展，慧能以後禪

1　吳汝鈞，《佛教的當代判釋》（臺北：臺灣學生書局，2011），頁
　　110。

法繼續發展下去，最後成為五派，哪五個派別呢？

林美惠：為仰宗、臨濟宗、曹洞宗、法眼宗、雲門宗。

吳汝鈞：這就是慧能禪寬廣的地方，每個學派都根據慧能禪發展下來。曹洞禪和臨濟禪最有特色。曹洞宗主要就是打坐，專心平靜的默照自我，又叫默照禪。它有一個重點，就是自我默照，證成自我的存在性，可是不把自我看成一個對象來執著它，而是自己默默現出來，自己照見自己。臨濟禪在實踐上有所不同，通常有棒、喝的方式，以粗暴的方式打走不好的妄念。其它三派都在這兩派之間。這兩派比較有極端的作法，一種是平靜斯文的實踐，一種是粗暴言語和行為。所以道元在日本禪有特殊的地位，寫了很多書，最著名是《正法眼藏》。從達摩一直到宋元之間，禪法有三種形態。一種是清淨心的方向，一種是一念無明法性心的弔詭的形態，第三種是神會自己提出來的，他把明覺的自我與背反的自我綜合起來，一方面吸取明覺我的清淨心的思想，另一方面又放棄神秀講的漸教的方式，而採頓悟方式。它是介於這兩者之間的另外一種走向，一方面講清淨心，又講頓然的覺悟。如果以我的《純粹力動現象學》的自我設準來講，達摩的清淨心、清淨性的形態是本質明覺我，另外一念無明法性心在自我設準來講就是迷覺背反我。這裏說如來禪就是以清淨心為基礎所發展出來的禪法，最明顯的就是神秀所強調的如來藏清淨心，在實踐方面採取一種漸進的方式，隨時保持一種警覺性，不讓清淨心被外在的感官對象所吸引，失去清淨的明覺，這就是如來禪、北宗禪的思想。神會捨棄神秀的「時時勤拂拭，勿使惹塵埃」的漸進方法，採取頓然覺悟的方法。神會可以說是如來禪、祖師禪的一種結合。這裏邊也有一點問題，如來禪的清淨心，如果

不用神秀的「時時勤拂拭」的方法，而恢復慧能的頓然覺悟的方法，在實踐上是否可行呢？有沒有矛盾的地方呢？這是一個問題，也是神會所要面對的一個挑戰性的問題。我在這裏對禪的三種形態作這樣的補充。

林美惠：接著說佛性偏覺與佛性圓覺的特性。所謂佛性偏覺是強調佛性（buddhatā）或如來藏自性清淨心（tathāgata-prakṛti-citta）的思想。此種思想先以超越的分解（transzendentale Analyse）的方式建立佛性或如來藏心，作為成佛的超越依據。人人都有此佛性或如來藏心，只是為後天的經驗客塵所掩蓋，不能表現出它的明覺。修行者只要了達此種超越的、清淨的心態，把周圍的客塵煩惱掃除，捨妄歸真，便能覺悟成佛。[2]

吳汝鈞：這裏提到捨妄歸真，我要做些補充說明。我們人的種種虛妄的念想，被掃除之後，才有辦法捨妄歸真，這是一種修行工夫。宗教的涵養原則，不管處在甚麼環境，都要讓自己的客塵煩惱被掃除，捨妄歸真。

林美惠：所謂佛性圓覺的「圓」義含有五點特色。一、圓有周遍、周延義的意思，它顧及一切眾生，無有偏私。二、佛性圓覺是認識論同時也是存有論（Ontologie, ontology）意義。在認識論方面，覺照一切法都是緣起性空（pratītyasamutpāda, svabhāva-śūnyatā）的。另外，圓表示超越而又內在的性格，佛性是法性也是超越的主體性（Subjektivität），它也有內在性，內在於諸法之中，成就它

2　吳汝鈞，《佛教的當代判釋》，頁8。

們的存在性。三、在覺悟的方法上，佛性圓覺是以頓然的、圓頓的方式覺悟，不是佛性偏覺所說的漸悟的覺悟。四、覺悟的關鍵在於超越的主體的佛性能否對背反突破，讓背反自動崩解，朗現佛性的光輝，當下成就正覺。五、佛性圓覺有強烈的動感性，佛性偏覺沒有動感性，起碼它的動感性不夠強。佛性圓覺能夠使人悟出一切法、一切染汙法都是無自性，都是空，故不執取。[3]

吳汝鈞：這裏第四點比較重要和難理解。「覺悟的關鍵在於超越的主體的佛性能否對背反突破，讓背反自動崩解，朗現佛性的光輝，當下成就正覺。」這是強調背反的突破。日本京都學派最強調背反，就是說我們在生活上、性格上有很多很多矛盾，就是背反。在我們的意識常常出現矛盾、弔詭的現象，如生死、善惡、有無、理性非理性、愛恨、存在非存在，這些都是人生的種種背反，我們要克服它、超越它，才會有平安、平靜的心情。我們要怎樣解決背反呢？讓我們的心情可以平靜下來呢？一般人通常都是讓正面的東西克服、消除負面的東西，就是把正面的東西留下，把負面的東西驅除，人內心就可以達到平穩性。這種作法是行不通的，因為背反的雙方在存有論來說，都有存在的機緣、機會，我們不能以生克服死，以善克服惡，以有克服無，以理性克服非理性。我們不能這樣做，因為背反的兩端，在存有論上的位置是對等的，不能以高位壓倒低位，不能以生克服死。儘管我們對死亡非常畏懼，對前境感到悲觀，這是人之常情，每個人都希望能長壽作神仙，這是不可能的。道教就是這樣想。這不行，生死是同一件事情的不同面向，同

3　　吳汝鈞，《佛教的當代判釋》，頁 529-530。

體的，不能分割。要生得長久一點是可以的，活得長一點，但到最後都要死，不可能不死啊！所以道教這一套神仙思想的東西是行不通的。生命是生和死加起來的東西，神仙根本不可能實現。一般人的想法，就是保存生命，但生命的真相是有生有死，生死是同一的現象，這要聖人或得道的高僧才能體證這點，一般人沒有辦法達到這種境界。所以日本京都學派就主張，要徹底解決這問題，就要從生死的背反中解放開來，要賴我們的明覺去覺悟，徹底的覺悟，明覺能見到生命的真相，只有它才能解決生命的問題。所以要解決生命中的背反，非要明覺突破出來不可，只有這一條路可以行走，其它都是無效的。我們接受生也要接受死，這是生活現實的情況，接受它也要解決它。解決的方法，就是在生死的背反中突破出來，超越上來，接受死，不會覺得死亡是一件憂慮、煩厭的事情，這樣就會有一種安然的感覺。莊子就為他老婆的死感到歡喜，認為他老婆解脫了，所以他擊鼓唱歌。京都學派就看到這一點，生命中的背反是不能硬要把它們分開的。王陽明說的四句教：「無善無惡心之體，有善有惡意之動，知善知惡是良知，為善去惡是格物」說的很清楚，不同善惡的關係有不同的意境。我們在意志上要培養出一種智慧，生死的智慧，善惡的智慧，要讓這智慧突破出來。

林美惠：祖師禪的特性：靈動機巧。祖師禪的基礎是在現實中不停地活動，對現實世界的種種事物，既不離也不合，採取不取也不捨的態度，表現出靈動機巧而具有濃烈動感的主體性（Subjektivität）。

　　吳汝鈞認為這種靈動機巧、不捨不著的主體性，就是祖師禪的本質。這主體性是佛性圓覺的覺悟主體，內在於無明與法性、迷與悟、生與死、善與惡、是與非、美與醜的種種背反中。這主體性在

背反中不停的活動，以活動產生的動力突破背反，克服背反所帶來的種種煩惱與苦痛，衝破背反的困擾，在現實世界裏積極向上，爭取與眾生互動的機會。但主體性仍不失去靈動機巧的活動特質。

吳汝鈞：這裏講祖師禪的心靈是恆常在活動狀態裏面，它沒有靜態，而是以動感的姿態存在，有時候我們覺得，心靈不大表現動感，好像要靜下來，沒有在活動，其實它還是在活動，我們之所以以為它靜下來，是因為我們的感官神經沒有辦法感受細微的動態的變化。在哲學上有一種講法「化存有歸活動」，意思是說我們看到的一切一切的東西，基本上是以活動的方式存在，我們以為它是靜態的是因為感覺能力有限，不能感受到永久不息的動態。我們看宇宙萬物、山河大地，都是靜態的存在於某一個角落。其實不是這樣，從究竟的角度來講，它還是一種活動的狀態，它裏面的存有其實不是物質性，而是架構性格，不是實質性的質體。我們以為是靜而不動，其實是恆常的在動，只是我們感覺力量很弱，看不出那種動感，更看不到那種架構性格。這種化存有歸活動大體上出現在東方哲學，西方是以存有為本位，以存有為基礎而產生種種的活動，以成就不同的現象。東方哲學無論是儒家、道家、佛家的說法跟西方不一樣，說到事物的構造，以歷程來說明，這倒有點像懷德海的機體觀念。東方把活動放在究竟的位置，我們通常把它視為存有，那是知解上的一種錯誤，我們一般的知解以感性為主，在時空裏面來了解外界的種種的事物，常常把它們看成是靜態的，所以我們用「存有」的字眼來講，如茶壺、筆、包包等，我們都看成是存有。其實不是這樣，它是一種活動的本質，所以就東方思想來講，存有不是最後究竟的狀態，而是活動。我的那套純粹力動現象學就是以

很強烈的動感來講形而上學。一切都是從純粹力動的活動開始，它會下墮、凝聚，詐現為種種萬物和存在，這也是化存有歸活動的思路。

西方哲學就比較少說這方面的思想，傳統西方哲學都是以形而上的存有為主，一切現象都是以存有為基礎，來說明種種事物的出現，像柏拉圖講的「理型」世界，這世界跟現實世界是分離的，事物在發展上有一種趨勢，讓自己的樣貌逼近自己物類的理型。理型是價值最高的，現象的東西都要逼近它，可是還是無法完全接近理型。不能像理型般的完美。這些現象的存在都有物質性，所以有惰性，有惰性就不完美了。西方形而上學受柏拉圖的「理型世界觀」的影響，非常深非常廣。一直到近代英國的懷德海出來，才把這種理型形而上學徹底改變。西方自柏拉圖時代所走的實體主義，直到懷德海才改觀，被轉化為非實體主義，也就是機體主義。所以懷德海在這方面的貢獻非常大，在這機體主義裏面就可以講動感、靈動性。懷氏把整個宇宙都看成是一個很大很大的機體，宇宙裏面每一種事物是一種小的機體，每一種事物都是機體，只是大小不一樣，大就是全，蓋過所有事物，是存有（Sein, Being），小的機體就是物體自身，懷德海是採取這種角度來建構他的機體主義的非實體主義的形上學。我這裏提的祖師禪的靈動機巧，也可以說是機體的一種性格、狀態。

回返到禪方面。講禪宗有兩個派別，一個是如來禪，一個是祖師禪。如來禪有靜態的趨向，祖師禪則是強調動感性，這是禪的很大進步和改革，把靜態的如來禪進行動感的轉向（dynamic turn）。對於如來禪來講，祖師禪是一種動感的轉向，而且是非實體主義的轉向（non-substantialistic turn）。當然如來禪不能視為對

實體的建立。我們要從動感的有或沒有、強或弱來講這個問題，才能把祖師禪的本質顯出來。

儒家跟道家基本上都是強調動感，老子很強調道的動感，把動感講成是反，「反者道之動」就是這意思。道、自然、無都是在動態裏面，怎麼表現動感呢？就是反。一切事物向前發展，發展到某一狀態，就回轉，不再作無限度的流逝，就是反。它不會讓事物發展到不見了、解構掉，成為一種一無所有的虛無流。這就是道家所講的那種活動。所謂觀變知常，就會想到有一種不變的、常住的東西在它的背後，這「常」還是在活動，一般人比較難感到它的活動的性格。這裏就是變而不變，有一種辯證的、弔詭的性格在裏面，雖然它在變，可它的根源還是有活動在裏面。所以觀變知常，不是常住性，不能活動的意味，而是一種在活動的狀態的終極的原理。觀變知常跟佛家講的諸行無常不一樣。觀變知常是《易經》講的，意思是事物的變化一直不斷在進行，在變化裏面有一個常住不變的實體，這裏的「常」有實體的意味。我這裏的「常」不是《易經》的常。所謂常，它是動感，不會消失，不是凝滯的。這就是祖師禪的根本性格。有沒有問題呢？

林美惠：《六祖壇經》中慧能說：「不思善，不思惡。」[4]便是從內部突破善與惡所成的背反，達致無無明與無法性、無善無惡、無生無死的絕對的、終極的境地。這種超越、突破的力量，來自背反自身所潛藏著的精神主體。吳汝鈞稱它為靈動機巧的精神主體。或者說它是一種具有宗教救贖（soteriology）的濃厚意味，它相應於

4　《大藏經》第四十八冊，《壇經》，頁 349 中。

純粹力動現象學的迷覺背反我。慧能提出「無住」的工夫論與「無一物」的存有論，來說明「心」或「主體性」對一切事物持一既不捨棄亦不取著的態度，才能將主體性的靈動機巧的性格充分地發揮出來。

吳汝鈞：這裏提出「不思善，不思惡」。善惡有價值的意味，好像生與死一樣。不思善，不思惡，並不是都排除掉善、惡，不要它們。而是把善惡看成一種背反，我們要超越善惡的相對性的層次，突破出來，成就無善無惡的境界，無生、無死、無善、無惡、無無明、無法性、無理性、無非理性，把一切相對的觀念都突破了，精神狀態從相對的層面向上提升，提升到絕對的層面。這就是無住。無住跟無一物的意思都在不思善、不思惡的意義裏面展示出來。不思善、不思惡是一種實踐的方法論，達到無住、無一物超越的境界的一種實踐的方法，這是從相對的精神狀態轉化成絕對的精神狀態，轉化的基礎就是從背反中突破出來，才能達到這種境界。所以不思善、不思惡是在行為上要這麼做，是實踐論，是一種生活的智慧。「思」是關鍵的字眼，不執著生，不執著死，不執著善，不執著惡，突破善惡的背反，不要二元化，要把善惡一元化。不思善、不思惡是大乘佛教的六字箴言，解脫、覺悟、涅盤都在裏面。

林美惠：慧能的不捨不著、靈動機巧的主體性，表現於無住觀、無一物觀中。無住傾向於工夫論的說法，無一物則傾向於存有論的說法。這其中無住是基要的，無一物是輔成的。這表示在慧能禪，工夫論是主導思想，存有論則是在工夫論的脈絡下說的。[5]值得注意

5　吳汝鈞，《佛教的當代判釋》，頁480。

的是，這裏的存有論是心靈對經驗層的存有論的帶導，並沒有形而上學的意味。以下我們將依此兩者對慧能禪進行探討。

　　所謂無住，即無任何住著、執取，對經驗的與超越的對象，都不粘滯於其中。這無住也包含另一面的意思，即是，我們不執著這個現象世界，也不捨棄這個現實世界。無住的意思，起碼就慧能言，應該也包含對世界的積極態度，不捨離世間，在世間開展自由無礙的活動，以普渡眾生。這正是南宗禪的精神，不是北宗禪的那種看心、看淨的消極態度。[6]

吳汝鈞：上面的看心、看淨的「看」只是外在的一種觀察、觀看，缺少一種反省和內心營造的工夫，所以就把救渡論、救贖論轉移到知識論，把心當成一種對象來看待，結果就有對象化的情況出現，禪是不能有對象化的，問題就在這裏。我們回想達摩在山洞面壁九年時，慧可一直在洞口等他想問他問題，達摩問慧可有甚麼問題？慧可說：我的心還沒有安住，要如何安住呢？達摩說：你把心提出來，我就可以替你安心。慧可回答說：覓心不可得，我不能拿心出來，當作一種對象來看，來研究。這裏看心、看淨剛好和慧可的一心不可得是相反。心不是一個對象，所以不能拿出來給人看，心不能外在化，給人去尋覓、尋找。就是不能講看心看淨。有沒有問題呢？

林美惠：老師那不能用看心、看淨的「看」的字眼，要如何形容呢？

6　　吳汝鈞，《佛教的當代判釋》，頁482。

吳汝鈞：因看它的焦點會從救贖論轉移到認識論，認識論不能成就覺悟，認識論只是把東西看做對象，是一種主客相對的關係，但心靈不能被對象化。我只是點出看心、看淨的問題在哪裏。北宗禪的原意就是使用看字，我們不能隨意更改的。

林美惠：嗯！了解。謝謝老師。繼續下文。慧能一方面講無住的作用，另一方面也講無住的主體、無住的佛性。無住是一種活動、工夫，它下貫下來，便成無住的主體。[7]這是南宗禪的本質。慧能根據般若思想所強調的對世間的不捨不著的作用，同時將這作用套在《大般涅槃經》所說的佛性觀念上，把這作用視為由佛性所發出來的作用。慧能禪的高明處便是吸收兩者的養分，結合起來，再巧妙的提煉出「無住的主體」，或稱為「無住的主體性」。[8]我們可以

7　吳汝鈞在這裏使用「下貫」的字眼來形容無住的動感性，在《純粹力動現象學》中也使用「下貫」來形容超越的、普遍的原理下落到自我個體生命中而成為睿智的直覺。可見無住與睿智的直覺是具有超越時空的限制，是勝義諦層面的意義，非世俗諦的意義。

8　吳汝鈞，《佛教的當代判釋》，頁 483。般若思想是不簡擇一切事、理的是非、邪正而作出決斷的心靈作用。佛教以為這是覺悟的主要因素，所謂般若智，通常稱為智慧。天台宗將智慧分為一切智、道種智、一切種智。視般若智所把得的，不是外物的經驗性質，而是緣起的本質、無自性的本質，是空。它是超越的智慧，在哲學上，相應於睿智的直覺，是一種自覺、直覺的作用。它對世間一切的特殊相，具足個別的知識，能開啟種種方便門濟渡眾生。吳汝鈞，《佛教思想大辭典》（臺北：臺灣商務印書館，1992）頁 427b-428a。《大般涅槃經》言「般」有入寂的意思。（吳汝鈞，《佛教思想大辭典》，頁 32a。）涅槃，梵語 nirvāṇa、巴利語 nibbāna 的音譯，又音譯作泥日、泥洹、涅槃那、涅隸槃那；漢譯為滅、滅度、寂滅、不生、圓寂。這是從一切煩惱的繫縛中脫卻開來，滅除再生于迷妄世界的種種

說，無住的主體應該包含不捨不著、佛性兩大特性。

吳汝鈞：所謂無住的主體應該就是講佛性。佛性能發出般若的智慧，專門體證事物的空性，沒有實體，沒有自性這方面，那就不會對事物有所執著。另外事物是緣起的，本性是空的，也不需要刻意的捨棄事物，因為它是緣起的、空的。不捨就是不需要遠離它，基本上不會對事物起厭惡的心理，想要捨棄它，因為事物是緣起、空的性格，所以不需要遠離它，這就是不捨。不著就是執著，也是因為事物是緣起、空的，不需要執著，我們不能執著一切東西，因為萬法皆空。這裏的不捨不著有被動消極的意味，我用靈動機巧比較能表現主體的動感性。我們對事物的想法以不捨不著的方式來說消極性，以靈動機巧來說事物的積極性，意思是相近，或者是一樣的。

林美惠：慧能自身未曾使用過「無住的主體性」等詞。而吳汝鈞以「無住的主體性」的新的名相，以現代的概念來詮釋慧能禪的本質。現在我們要在《壇經》的經文中，印證無住的主體的說法。《壇經》：「於一切法不取不捨，即是見性成佛道。」[9]這句話意思是說，世間一切事物都是作為緣起法而生，沒有常住不變的自性，我們理解這一點，就會對現象世界的事物以不取的態度觀之，

業因。這是佛教的究極的理想。（吳汝鈞，《佛教思想大辭典》，頁372b。）大般涅槃，般涅槃是梵語 parinirvāṇa 的音譯，漢譯為大滅度、大入滅息、大圓寂入。死亡之意。但此種死亡，有解脫意味。（吳汝鈞，《佛教思想大辭典》，頁98a。）

9　《大藏經》第四十八冊，《壇經》（臺北：無量壽出版，1988），頁350下。

不會被事物所圍限，而失去自由。也不會捨棄它們，因為是無自性，緣起緣滅，不會對我們構成真正的障礙。我們就能看見自身的佛性。關於自性的說法如下：

> 自性能含萬法是大，萬法在諸人性中。若見一切人，惡之與善，盡皆不取不捨，亦不染著，心如虛空，名之為大。[10]

吳汝鈞：上面引文的「自性」跟我們講佛教說一切法都是空、沒有自性是不一樣的意思。這一段講的自性就是佛性。通常講事物的性格是緣起、是空所說的自性不是佛性，是甚麼東西呢？是形而上學的實體，佛教講非實體主義，否定自性這種講法。禪宗所講的自性，跟一般佛教所說的萬法是緣起、是空、無自性是兩種不同的自性。禪宗說的自性是佛性。緣起性空的自性，是指常住不變的實體。常住不變的實體本來就沒有，只是因為我們有虛妄執著，執著事物背後的常住不變的自性，這是我們的執著所生出來的，本來根本就沒有。所以慧能給自性一種新的詮釋，跟佛教傳統所說的被虛妄執著的自性完全不一樣，慧能把自性講到佛性這方面來。這是正面的，不是負面的，這裏很容易讓人把慧能的自性，跟傳統的自性混同一起。這裏可以看出，慧能的用語不是很嚴格，可能跟禪宗的「教外別傳，不立文字」有關係，不立文字，就是不依靠文字，可能在文字上不很講究，結果在文字上犯了一種錯誤的運用。有看到問題在哪裏麼？有沒有問題呢？

10　《大藏經》第四十八冊，1988，頁 350 中。

林美惠：老師說的意思就是慧能說的自性是指如來藏（tathāgatagarbha）或佛性（buddhatva），跟佛教教義所說的緣起性空的自性（svabhāva），是在不一樣的脈絡下說自性，這一點要搞清楚，對禪宗的理解才會正確，才不會曲解禪宗的意義。

對於形而上學，佛教是屬非實體主義的。引文中的「自性能含萬法是大」的意思是，自性能夠包含萬法。自性不是形而上的實體，可以創造萬法，它是主體性。從主體性來看萬法，萬法含藏在人性中，人性就是佛性，一切法在佛性的覺照下，顯出宗教上的地位、作用、價值。從宗教的角度看主體彰顯佛性的作用，佛性呈顯的越明顯，我們越接近覺悟和解脫。在宗教救贖的層面而言，達到覺悟和解脫的境界，便是無上珍貴的價值。倘若人能夠體悟佛性的特質，無論是惡或善，都不起分別心，以不取不捨的態度和眼光對待，萬物都是齊等的，無分別性。我們要擴大心的包容量，如虛空般的廣大，達到萬物靜觀皆自得的境界，便是將佛性徹底的發揮作用。

佛性要常常顯現，於日常生活中的每一個意念生起時，都沒有任何執著，隨本性而靈活運轉，積極入世，參與世間種種事情。不是逃離現實環境，獨自過著不食人間煙火的生活，只顧自身修行的方式。因此，慧能提出，「念念無滯，常見本性真實妙用，名為功德。」[11]其中的「妙用」的「用」含有積極濃厚的入世的意味，生於世間便積極的參予世間的一切活動。大乘思想強調要在世間進行普渡眾生的大業，因此要適得其所的妙用，自由自在地，以善巧方式運用本性，應付生活上的一切事物，開啟種種方便法門，使本

11　《大藏經》第四十八冊，1988，頁 352 上。

性、佛性常存，無時無刻都能夠自然地進行教化眾生的大業。

接著報告慧能的無一物。神秀和慧能分別各寫了一首偈語表達個人的覺悟的境界。神秀偈：身是菩提樹，心如明鏡台，時時勤拂拭，勿使惹塵埃。[12]慧能偈則是與之對反的方式，表達自己的覺悟的境界：菩提本無樹，明鏡亦非台，本來無一物，何處惹塵埃？[13]神秀的偈頌以菩提樹和明鏡台說超越的身心，以塵埃說世間法，要前者遠離後者，其中的超越的分離的意味很明顯。我們要看緊真心，不讓它為經驗界的染汙所蒙蔽，像要時常拭抹明鏡，讓明鏡發揮照明的作用一樣。神秀認為，由於種種後天的、經驗的、無明的因素所障礙，致使我們不能覺悟和顯現清淨的真心真性，而沉淪於塵俗的凡夫層面。他提出要透過超越的分解的方式，建立清淨的真心真性，作為我們成佛的超越基礎。我們要做的，主要是如何追蹤到、察識到這種先驗的、與生便俱來的真心真性，在日常行住坐臥之中予以把捉，並擴充開來，實現出來，最後覺悟而成佛，而得解脫。

吳汝鈞：慧能所開拓出來的南宗禪，強調眾生都具足佛性或自性，視為人的最高的主體性。這主體性並不遠離世間，在層次上它超越一切世間事物，又必須作用於世間種種事物，離開世間便無處可存在。所以它一方面是超越的，另一方面又是內在的。無論是超越或內在都是就它對世間種種事物的關係說的。

慧能的這種最高主體性，能體證諸法的真相，是既超越又內在

12　《大藏經》第四十八冊，1988，頁348中。
13　《大藏經》第四十八冊，1988，頁348中。

的心靈。它能見到諸法的空的真相，對諸法既不執著也不捨棄。諸法是因緣和合而生起，因此沒有常住不變的自性，所以對它們不必執著；又由於它們是因緣和合而生，有一定的形貌和作用，不會對我們的宗教事業構成障礙，所以我們不必捨棄它們。我們對它們只要任運流轉，在它們的存在中體證得緣起性空的終極真理便成了。

我們如何在這些諸法或事物中體證得終極真理，而實現自己的最高的主體性呢？慧能就說「無一物」。無一物有存有論的意味，即世間並沒有獨立自在、具有自性、實體的事物。也有認識論的意味，即是，一切事物都是因緣和合而成的，它們不能被看作是具有客觀性、客體性的對象，供我們認識。所謂物，便是指有客觀性、客體性而言的對象。最重要的「無一物」中的「物」，既然是沒有自性、實體的非獨立自在的東西，我們就不應對它們生起不正確的、顛倒的見解，而執著它們，這樣便可以免除一切顛倒的行為，便能免除種種的煩惱苦痛，最後便得覺悟、解脫了。

林美惠：慧能偈完全是不同的生命觀。菩提、明鏡是不存在的東西，亦無需擔心被塵埃所沾汙。世間一切事物都是因緣和合而生，緣起（pratītyasamutpāda）時現象便成立，緣滅時現象便消失了，因此沒有所謂的菩提、明鏡的常住性。在我們的心靈層面，根本沒有任何一物存在，空白一片，世間是緣起的，是空是無自性，所以是「無一物」。

吳汝鈞表示，無一物的存有論是一種「無」的洞見性格。在他提出的純粹力動觀的脈絡下，整個世界或宇宙本來是渾然無一物的，只有形而上的純粹力動以終極真理的身分在作用。終極真理下墮而分化出心物世界，又以洞見的智慧看這個心物世界。心物不是

獨立自主的，不是實在的東西，是純粹力動所詐現的結果，是終極真理在作用歷程中的一個詐現環節，以慧能的語言來說就是無一物。[14]這洞見的能力，應指向睿智的直覺的智慧，或般若的智慧。

吳汝鈞：由正確的認識發出正確的行為，其中的實踐的、宗教救贖的意味很明顯。我們如何能夠見證事物的性格呢？這是純粹實踐的問題。慧能說「三無」實踐：無念為宗，無相為體，無住為本。意思是說，不執取任何認識、念慮；不執取事物的外在形相，以為是真相；不住著於任何對象思維中，包括一切概念和物體。三無中的無念、無相、無住中所無或否定的雖有念、相、住的不同，但都落於主客對立（bifurcation）、二元性（duality）的關係網絡之中。慧能就是要我們從相對的二邊超越上來，否定相對的二邊，便能達致絕對的境界而覺悟。

二、馬祖禪

林美惠：繼慧能禪之後的馬祖禪至臨濟禪，在教導弟子覺悟的方法上，採一種激烈陽剛的方法，加上弔詭的思想，引導修行者猛然覺醒。馬祖的體用思想便是將慧能的不取不捨、靈動機巧的動感性推向另一個高峰。馬祖的「體」不是本體、實體，而是佛性。「用」則是指佛性的表現，包括人的行為。馬祖認為我們日常生活中所有的行為都是佛性的表現，是佛性全體的表現。或者說，「全體是用」即「體外無用」，亦沒有所謂的「體外」；而「全用是體」即

14　吳汝鈞，《佛教的當代判釋》，頁 488。

「用外無體」，亦沒有所謂「用外」。以佛性來說，「用外無體」
是指在我們的生活、行為以外沒有佛性。佛性的全體表現都在一切
生活行為上。「體外無用」，即離開佛性，再沒有其他作用、行為
可言。世間一切現象，眾生一切生活、行為、思想都是由佛性所表
現出來的。

> 祖曰：自家寶藏不顧，拋家散走作甚麼？我這裏一物也無，
> 求甚麼佛法？師逐禮拜，問曰：阿哪個是慧海自家寶藏？祖
> 曰：即今問我者是汝寶藏。一切具足，更無欠少。使用自
> 在，何假向外求覓？師於言下自識本心。[15]

在《景德傳燈錄》的記載中：慧海請教馬祖有關體證真理或佛性的
途徑。馬祖的回答是：真理、佛性的寶藏就在自己的生命存在之
中，何必向外追尋呢？馬祖雖是祖師，卻一無所有。這意思是，佛
性、真理是每一個人自身所擁有的寶物，它就表現在我們的日常生
活中，應該在日常生活中體證佛性，體證真理，不是騎驢覓驢地四
處尋找驢子的蹤跡。所以說：問寶藏的人便是寶藏，寶藏就在自己
身中，不假外求，寶藏就是佛性，就是真理。

　　馬祖的體用關係是在日常生活的行為中表現出「全體是用」、
「全用是體」。我們的行為不能離開佛性而成立，佛性便表現為行
為。人要體現佛性，必須以平常心為原則，在日常生活中、行為舉
止中表現佛性。平常心是佛性的表現。

　　馬祖強調平常心，目的是教人安心的過自己的日常生活，實實

15　《景德傳燈錄》卷六，《大藏經》第五十一冊，頁 246 下。

在在的過每一天，不好高騖遠，不羨慕權貴，不須要刻意造作矯
情，作好本分該做的事即可，平常自然的心便是佛性。馬祖對平常
心的說法是：

> 道不用修，但莫汙染。何為汙染？但有生死心，造作趨向，
> 皆是汙染。若欲直會其道，平常心是道。何謂平常心？無造
> 作，無是非，無取捨，無斷常，無凡無聖。……只如今行住
> 坐臥，應機接物，盡是道。16

吳汝鈞：這一段引文說明，道的高遠大道理，便在一些小的日常事
物裏。道有遍在性，無所不在。《莊子・知北游》說：「道在屎
溺。」「道」無處不在，一切都有真理在裏面。這有一點誇張，但
主要是平常心，不受種種相對的事情所障礙，一般人羨生厭死就不
好，表示有生死心。若能了解生跟死是二元背反（Antinomie），
從存有論來講，它們都是均等的存在，不能以正克服反。若有這種
正反的想法，心就不能安定下來，想長生不死根本不可能，生與死
是同體，不能分的。能克服生死心就能坦然面對死亡。要培養不怕
死的心態，才能快樂的活在當下。人越是年紀大，生日越是不快
樂，離另一邊越來越近了。我個人就有一點不怕死，我的疾病太多
了，死了不是一了百了嗎？我對死亡不覺得很恐慌。音樂神童莫札
特35歲就英年早逝，很早就死掉了，舒伯特31歲也死了，比他還
年輕，更早就死了。現街上到處都是老人，遊手好閒到處走，甚麼

---

16 《江西馬祖道一禪師語錄》，《禪宗全書》語錄部（四）39卷，
《四家語錄》卷1，頁8左。

事都做不來。或者整天工作又身體不舒服，也是一種麻煩。

林美惠：馬祖的意思是，道即是真理，我們不用刻意去修習。因為刻意就是不自然，增加許許多多造作行為，便是汙染了道。道是超越、先在的性格，不是經驗層次的性格，只是透過行為、活動，在人的生活中便能彰顯道、佛性、真理。對於道何為汙染呢？馬祖說：以生死心來看道，或是造作趨向，便是汙染道的真理。生死是一個背反（Antinomie）有生便有死，它們本來是同一回事，我們不應該將死推向外邊，視死為一種對象，而把死與自己切割開來，與死形成一種對立狀態。馬祖表示，以平常心看待生死，不造作，不執取，才能於日常生活中體現真理、道。所以馬祖說：若欲直會其道，平常心是道。無造作，無是非，無取捨，無斷常，無凡無聖，舉凡一切行住坐臥，或是應機接物，盡是道。

　　馬祖用「直」、「會」來說明心直接與道接觸，體證道的存在。這意味著，對於道或真理的理解，不是通過概念、思維、理論的方式，反而是超理性的睿智的直覺能體會、證得真理。所以是無造作，無是非，無取捨，無斷常，無聖凡，真理內在於自然心、平常心中，在人的生命中。在日常生活中將生命中的佛性徹徹底底的顯發出來，成為一種精神的主體性力量，突破生命中的種種背反，在背反中便能體會真理。[17]

　　自達摩以來，禪宗一直強調靜坐。馬祖卻教人在日常生活中接觸禪，無需離開現實生活，到深山無人跡的偏僻地方打坐修行。馬祖突破過去的呆板形式，採取積極的入世方式，教人在日常生活中

---

[17]　吳汝鈞，《佛教的當代判釋》，頁498。

體會道，不僅強調靜坐，把精神集中在清淨的、善的事情上，同時也接觸現實生活中惡的、汙染的一面。馬祖禪除了重視清淨的事外，又涵蓋汙染的東西，他把禪所涵蓋的面相由善推廣到惡，由清淨推廣到染汙。馬祖禪的目標一樣是求覺悟，得解脫。不過馬祖禪更豐富禪的內容，包含善與惡、清淨法與染汙法的內容，更具有圓融的意味，佛性圓覺的教法更加充實而飽滿。[18]

吳汝鈞：這裏講平常心是道，道就是平常心，強調日常的心思、平常心就是道。道作為終極真理，在日常生活中就可以體證，不需要找一個清幽的地方來專心修道。講歸講，真的能做到平常心是道，還是需要歷練。上一段說「馬祖卻教人在日常生活中接觸禪，無需離開現實生活，到深山無人跡的偏僻地方打坐修行。」這可以說充分發揮慧能禪的普及化的精神。一般人的了解總是覺的佛學有一種靜態的修行，修行最好的方法，是能夠離開煩囂的市纏，到清淨的地方修行。慧能的精神，並不是教人到一個不食人間煙火的地方修行，而是在平常生活中，無論何時何地都是修行的時候和修行的環境。《六祖壇經》也說「行住坐臥」都是修行的場所。不一定要遠離煩囂的環境，孤獨的一個人修行。一個人的修行境界越來越高，自然喜歡找一些清幽的地方修行。這種情況當然有一種宗教意義的美感在裏面，清幽就是一種美感。從另一邊看，這只是尋求個人的解脫。無量數的眾生還生活在苦痛煩惱中，自己卻跑到清幽的環境尋求個人的解脫，這不能不說是一種遺憾。另外高處不勝寒，你所證得的覺悟、解脫，無人可分享，只有一種孤獨的感覺，在心靈上

18　吳汝鈞，《佛教的當代判釋》，頁 499。

有孤單的感受。蘇東坡的〈水調歌頭〉說：「我欲乘風歸去，又恐瓊樓玉宇，高處不勝寒。」

回頭看平常心這問題，要以平常心看事情真的是很困難，真能這樣做就很不平常。中國的圍棋大師吳清源還有他的徒弟林海峰，都在日本參加圍棋比賽，兩人棋藝高深。有一次林海峰要參加比賽，問他的師父有甚麼意見，吳清源說：沒甚麼特別的要訣、捷徑，保持平常心去參加比賽即可。然後有人將師徒兩人的功力做一個對比，在棋藝的比賽中，高手能推斷下一步再下一步應該怎麼走，把整個棋面的佈局都掌握住、抓的很準，對雙方的戰略都能夠推想，每一步都可以推斷下去。吳清源能推多少步呢？有人說：十七步。林海峰差一點，有十三步，也很厲害。他們就是能保持平常心，放鬆下來，因而能融入棋藝中。《三國演義》中赫赫有名的空城計，描述諸葛亮披上鶴氅，戴上綸巾，對著一張琴，帶了兩個書僮，坐在城樓上，燃香悠閒地彈起琴來。司馬懿率領十五萬大軍殺奔而來，在城下觀看，聽出琴聲中表現出不急、不慌、不亂的悠閒的心態，然後下令撤軍。他說：諸葛亮一生謹慎，不會冒險。現在城門大開，裏面必有埋伏，我軍如果進去正好中了他們的奸計。結果就嚇走司馬懿和他的大軍。這就是平常心。

三、臨濟禪

林美惠：馬祖傳法給三大弟子，分別是南泉普願、西堂智藏和百丈懷海。其中百丈懷海最受矚目，他傳法與黃檗希運，黃檗又傳臨濟義玄。臨濟提出「無位真人」的主體性，以無位真人為理想的人

格。同時配以棒、喝的激烈又生動的粗暴方法，令修行者開悟。現在要談談「無位真人的主體意識」。臨濟認為人要有自己的真正見解，突現自己的主體性。他說：「今時學佛法者，且要求真正見解。若得真正見解，生死不染，去住自由，不要求殊勝，殊勝自至。」[19]得到真正見解的人，就可以在工夫的實踐上「生死不染，去住自由」。意思是說，自家的主體性可以超越一切生死、善惡、淨染等矛盾或背反。或者說，惟有自己作為一個絕對的、超越的主體性，才能展現真正見解。因此修行者無需追尋殊勝的事，殊勝的事都依著真正的自我或真正的主體性而成立。

吳汝鈞：這裏有一個問題，值得我們去探討。所謂真正見解的意思，一個出家人，跟做人的道理有關聯的，這方面有真正的見解，到底甚麼是真正見解呢？甚麼不是真正見解呢？怎麼去分別呢？「見解」這概念很多人會忽略了。在臨濟禪是一個關鍵的地方，有一個基本的門檻，真正見解就是一個門檻，過不了這門檻就不要想覺悟、解脫的事情。我們現在要注意一下真正見解是甚麼東西？甚麼行為？真正見解的涵義是甚麼？

林美惠：這裏所謂真正見解應該是說，修行者對個人、對修行的理解，要有個人真正的體驗。在禪修的過程中看到真正的自我，要看到真正的自我需要有一個歷程，在修行的歷程中，可能受到外在因素的影響，產生迷惑或迷惘。所以要有自己真正的體證、認識、見解，這裏的真正見解就是要達致「無位真人」的見地。

19　《臨濟錄》，《大藏經》第四十七冊，頁 497 上-中。

吳汝鈞：佛教從釋迦牟尼佛下來，一直強調「無我」，我是要否定掉，把自我中心的意識拿掉，不要執著。在無我的實踐裏面還是有一個主體性在運作，就是說誰去實踐無我的工夫，所以從這個無我可以向後反遡一個在進行無我的另外一個我、另外一個主體性，這個我就不能無。它是在實踐中的超越的主體性，無不得的我。可這樣講還不夠，那真正見解是甚麼啊！這是引導方式，把真正自我的意涵提出來，才不會捉錯用神。自我有很多層次，如道德的自我、經驗的自我、宗教的自我、藝術的自我等。禪宗是佛教的一個宗派，這自我就不可能是道德的自我，也不是莊子說的靈台明覺的美學的自我，也不是認知的自我。那宗教的自我能顯出甚麼東西呢？能夠抓到宗教所顯出來的東西就緊靠著不鬆開，這樣說難也不難，說簡單也不簡單，要靠學養。

林美惠：談宗教的自我，會涉及身心的靈性，靈性就是宗教自我的一個面向，由精神的主體性發出來，真正自我應該是精神層面的主體性，求解脫、覺悟的主體性。

吳汝鈞：宗教的自我還是需要進一步去探討，它跟真理有甚麼關係呢？

吳嘉明：作為一個宗教主體性，應該強調精神境界的意味，這種精神境界在日常生活中得到昇華、超越或提升之後，就可以去判斷何謂真理，或何謂修行。

吳汝鈞：你這樣說是再進一步，美惠說過精神，你又說到真理。這真正見解就是關連到自我、精神、真理的問題，所以真正的見解就是在實踐的工夫論的脈絡下所涉的終極真理。這個終極真理有宗

教的背景、宗教的意味，它不是科學研究的對象，不是外在的，而是內在的，要透過反思或自覺才能接觸到，不能作為科學的對象去理解。所以真正見解應該是一種正確的工夫，一種修行方法，證成終極真理的一種實踐的意味，不是理論的意味。為甚麼要反省而不是觀察呢？理由是它不是在外面，而是在個人生命裏面，所以非要反省不可。好像我們說良知，良知是甚麼呢？要怎樣自覺到良知呢？在外面東找西找，要找一個良知，一輩子也找不到，因為良知不在外面，而在你的生命、本心裏面，你非要向裏面真正做功課不可。對終極真理的見解、體證，要向內透過宗教的反思、宗教的自覺來完成。所以不是向外的，不能視為科學性的對象去理解、探討。而這終極真理就是真正的自我，真正的自我涉及三個概念，一終極真理，二精神主體，三生命的自我。要了解真正自我，要從這三方面去了解，距離覺悟就不遠了。

臨濟這一句話說的很好：「若得真正見解，生死不染，去住自由，不要求殊勝，殊勝自至。」意思是說，如果能夠參悟真正見解就能夠從生死的圓環（circle）解放出來。不染就是解放了，超越生死輪迴的大生命圈。所謂去住自由，去是行動、動態，住是靜態，動靜是心靈的兩種面向，分不開的面向，在生活裏面就可以過自由無礙的生活、隨心所欲的生活，不需要刻意監管自己，一言一行都不自覺地符合真正的標準。孔夫子說過：「吾十有五而志於學，三十而立，四十而不惑，五十而知天命，六十而耳順，七十而從心所欲，不踰矩。」在這裏禪宗跟儒家就有對話空間。一個人修行，到一定年紀就不踰矩，不違離規矩。孔夫子講的是道德的規矩，禪宗講的是宗教的規矩，從種種的背反中解放出來，得到覺悟和解脫，是宗教意味，不是道德意味，可以成菩薩。儒家是成聖成

賢。所以最後說，不要求殊勝，殊勝自至。意思是說學養不斷的充實，在行為上不需要刻意來表現，就已經是殊勝的、優秀的行為。最後階段是不要求殊勝，殊勝自然就到來，到了這境界，宗教的目標就達致了。這就是真正自己，作學問要精確，不要模糊不清，自以為是，刻意去尋求這個，尋求那個，這樣不行。到了那種階段，生命所言所行都是正確的，這就是殊勝。孔子所說的「從心所欲」是一種很高的精神的境界，是生命的學問。修行者無需追尋殊勝，殊勝就自至。在這裏，我們可以說得更清楚一點。我們平日為學、修行，在工夫上用功，不斷累積功德。這些功德不是白累積的，不是沒有結果的。毋寧是，功德累積得足夠了，便會在你的身上發出收穫，所謂「水到渠成」、「花熟蒂落」，功德一下子爆發出覺悟的火花，你即便不刻意尋求覺悟，覺悟也會不請自來。

林美惠：臨濟進一步指出，修行要有自己的真正見解，才能建立自信，不會受他人愚弄或迷惑。他說：「如今學者不得，病在甚處？病在不自信處。爾若自信不及，便茫茫地，徇一切境轉，被他萬境回換，不得自由。」[20]臨濟感嘆當時出家人的心理弱點，在於對自己沒有信心，主意搖擺不定，無論是在知識上、行為上、修行上都不能建立自己的主張、方針，於是茫茫然的跟著外在因素不停的兜轉，沒有自己的見解和主張，四處飄零流動，被外境所牽制，無法順利展現自信，失去自主的主體性，不得自由。

　　臨濟有深刻的感嘆，當時出家人失去真正的見解，缺乏悲天憫人的胸懷，因此提出「無位真人」的名相。所謂無位真人：上堂

20　《臨濟錄》，《大藏經》第四十七冊，頁 497 中。

云：赤肉團上，有一無位真人常從汝等諸人面門出入。[21]

吳汝鈞：一個人如果路走錯了，便會不自信，自信不及，茫茫地，隨順一切境轉，被他萬境回換，不得自由。這裏是根據真正見解，繼續發揮下去。一個人要在精神上覺悟到自己的主體性，抓住這個主體性。當代新儒家牟宗三就說要在精神上充實飽滿的挺立起來，他在講道德的自我時，常常這麼說，不是講宗教的自我。可都是一樣，自己的主體性，自己的真我，一定要充實飽滿的挺立起來，不受別人搖擺，不會搖搖擺擺的，這就是自信。自信是宗教上一種勇氣，對自己的一種反思，有信心就可以自己做主張，不跟著別人腳跟轉，不跟著他們的腳根起舞，不用被他們牽著鼻子走。這裏說茫茫然的跟著外在因素不停的兜轉，沒有自己的見解和主張，四處飄零流動，就是這個意思。

當年唐君毅就說海外的那些華人，不接受共產黨，四處流亡，在世界上很多地方都有華人在打拼，在生活，可他們的狀況就是沒信心，不團結，唐君毅就用「花果飄零」來形容他們。因為他們沒有找到自己精神的主體性，沒讓自己的主體性充實飽滿的站起來。唐君毅用這種字眼用的很好，看了以後讓人有同感，所謂點滴在心頭。繼續講無位真人。

林美惠：所謂「赤肉團」即是指人的生命軀體。臨濟說我們這肉團軀體的色身，裏邊住著一位真人，無時無刻不在人的面門上進進出出，展現他自己。「無位真人」表示修行者具有真正見解，是自身的主體性。倘若未有體會到這自己生命中的無位真人的人，要趕快

---

21 《臨濟錄》，《大藏經》第四十七冊，頁 496 下。

體會了。無位真人即是生命的最高主體性。這是臨濟禪的重要觀念，是理想的人格。儒家以聖人、賢人為理想人格，道家以真人、至人為理想人格，佛家以佛、菩薩為理想人格。臨濟不說菩薩，而說無位真人。

　　所謂無位真人的意思是人最純真的狀態、最本源的狀態。當人的心思處於最純樸、最直截了當、最無修飾的狀態，便是真人。「無位」即是無一切世俗的名利、權位、權勢、地位之類的相對性格的東西，我們要從世俗的名利、權位、權勢這些世俗的讓人羨慕的東西解放開來，將自己的本來佛性呈現、彰顯開來。在日常生活中的知識、行為上處處都是佛性的表現。臨濟認為人能將佛性這寶藏表現出來，不需要虛假的裝飾，實實在在地，如實地表現出最原始的自我，就是理想人格、無位真人。[22]

吳汝鈞：這裏要注意的是臨濟用「無位真人」來說明宗教修行的理想人格。這代表臨濟能夠從一般人所嚮往的神、上帝、道、自然、佛、菩薩等概念、觀念裏面解放出來，回到人本身，這裏就強調一種人文性，用真人的字眼。真人就是有真正見解的人格、主體性。無位真人是生命最高的主體性，是理想的人格。這顯出他跟其他宗教不一樣，跟大乘佛教都不一樣，他不講佛、菩薩，而講人，他有很大膽的說法，就是「逢佛殺佛、逢祖殺祖」，讓人感覺臨濟禪很驕傲，表面看連佛和祖師都要殺死。並不是這樣，他要殺是對佛對祖的依賴性，不視之為偶像來崇拜的意味。然後挺立自己的主體性，以自己為自己的主人，不以佛、祖有無上的權威性，卻要徹底

22　吳汝鈞，《佛教的當代判釋》，頁 503-504。

的否定他們，把他們都殺掉。一般佛教徒不敢講，怎能說殺佛、殺祖呢？《臨濟錄》也講到殺人刀、活人劍，用刀、劍來斷除一般人容易染上的虛妄的執著，就是這意思。「殺活自在」，「殺」是否定，「活」是肯定，該肯定就肯定，該否定就否定，這就是殺活自在。進深一步來說，殺活自在是佛、祖師所運用的教育的方便法門。祖師見到弟子過分自信，有傲慢的傾向，便在某些方面去挫磨他，消除他的不當的傾向。見到弟子喪失自信，過於自卑，便在適當時機鼓勵他，讓他恢復自信與勇氣，繼續修行，以求進境。而殺活自在中的自在，表示祖師具有熟練的教育手法，是殺是活，都是出於自由無礙的心境。有一個禪公案：狗子佛性。狗子有沒有佛性呢？《涅槃經》講：一切眾生皆有佛性。那狗子有沒有佛性呢？

林美惠：應該有吧！我覺得是有，只是狗的佛性跟人類的佛性有等級上的差別。

吳汝鈞：佛性是沒有等級差別的。慧能便曾對五祖弘忍表示：人有南北，佛性則無南北。禪宗講的是有或沒有，要殺活自在。佛性不是運用科學的方法，把狗解剖，看有沒有佛性的器官。哪狗子有沒有佛性呢？對一個大禪師來講，有沒有佛性都是由他來決定，因為他有殺人刀、活人劍。臨濟主要是要破除眾生的虛妄和執著。狗子有沒有佛性，是一個工夫論的問題，不是科學研究的問題。禪宗有一些語錄都是不好理解，佛教有五戒，第一戒就是不殺生，那怎麼能逢佛殺佛、逢祖殺祖呢？這不是犯了大戒麼？哪能說殺就殺呢？

林美惠：我想問一下，老師您認為狗子有佛性嗎？

吳汝鈞：這是一個宗教的問題。有沒有鬼啊！有沒有上帝啊！這些

都是遠離科學的問題。信就有，不信就沒有，很簡單。基督徒當然相信有上帝啊！所以相信耶穌基督，耶穌基督是上帝的道成肉身，上帝就在耶穌基督的生命裏面，所以才信仰啊！如果不信仰就沒有，神鬼都一樣，這不是科學的問題，是宗教信仰的問題。狗子有沒有佛性呢？也是一樣的道理。

瞿慎思：老師！科學裏面本來就沒有「佛性」這個名詞。

吳汝鈞：對啊！這不是科學要研究的對象，是信仰的問題，所以很難說有或沒有。

林美惠：可是站在宗教觀點裏面有輪迴觀。人類因為所做所為會有報應，所以才有地獄道、惡鬼道、畜牲道。人在生時做的不好，才會墮落到不好的地方。如果從輪迴觀點來看，狗就是因為為人時，做的不好，才會淪落到畜牲道，所以它們還是有佛性。所以狗會幫主人看守房子守護主人。中國西藏習慣飼養獒犬，很兇惡、兇狠高大的獒犬，有一次主人睡午覺，被自家獒犬吠聲吵醒，主人聽到獒犬吠聲很急促，就跟隨獒犬而走，獒犬就帶他去救他五歲的兒子，因為他兒子跌進水池裏。所以我覺得從宗教的觀點來看，它還是有佛性的存在。

吳汝鈞：這是一般人所說的靈性，狗有靈性，但不會說話，它要表達一種訊息，讓主人提高警覺，只能用吠叫的方式來表達。狗有沒有語言、觀念，要研究一下。很多西方人，年紀大了，兒女離開身邊，就養狗、貓來陪伴，日子久了那些寵物都看得懂主人的手勢，所以說它們有靈性。

林美惠：這裏涉及動感的顛峰發展。臨濟透過無位真人觀，將主體性的觀念推向高峰。除此之外，又以粗暴的棒、喝動感表現使學徒開悟，又稱公案禪。這種教導方式，有別於默照禪的強調靜態的打坐，在禪坐中體證真理。

公案禪以喝、棒粗野行為表現動感。根據《臨濟錄》的記載，喝的方式有四種：有時一喝如金剛王寶劍，有時一喝如踞地金毛師子，有時一喝如探竿影草，有時一喝不作一喝用。[23]

喝分四種類型，分別是如金剛王寶劍、踞地金毛師子、探竿影草、一喝不作一喝用等四種類型。金剛王寶劍譬喻喝的氣勢如寶劍般的鋒利，瞬間斬斷我們的虛妄執迷的的妄想，不陷入文字障裏邊。大喝一聲，就是發出巨大的聲響和聲威，將人從虛妄和文字障中，帶回到真實的世界。踞地金毛師子譬喻喝如獅子的威猛，可以震攝人心，對於一些賣弄小聰明、小花樣、搞小動作的人有嚇阻作用，提醒人小智慧與修道無關，修行是腳踏實地的實踐工夫，必須克服小聰明的巧思，才會有大智慧的禪修體證。第三種喝如探竿影草，探測修行者的修行功力的深淺度。一喝不作一喝用屬於鼓舞的作用，讓弟子增益信心，勇猛精進，不懈不怠，認真努力地修行。[24]

臨濟的喝或棒是當時的施教手段，都是希望弟子從種種的迷惘中醒覺過來，直接體證無位真人的自身的主體性，體證如來藏自性清淨心的佛性。粗暴的手段方法背後隱藏著禪師對弟子的期許和關懷。

23　《臨濟錄》，《大藏經》第四十七冊，頁 504 上。
24　吳汝鈞，《佛教的當代判釋》，頁 507。

吳汝鈞：關於棒、喝這問題很多人都有提到，當時有一種流行的「德山棒」的口號，有一個德山宣鑑禪師，他擅用棒打他的弟子，讓弟子不再執迷不悟，所以又叫德山棒。另外一個，就是「臨濟喝」，用斥喝的方法。這喝不難理解，比較簡單。試探一下弟子，看弟子的回應，就好像向學生提一個哲學問題，看學生的回應，就知道學生的哲學程度的深淺，思考的能力怎麼樣。你這裏有提問？

林美惠：老師我讀了這一篇之後，認為現今這種喝棒的粗暴行為，可能不能被禪行者接受？

吳汝鈞：我想修禪或坐禪，在古代或現代，它的重要性或意義不一樣了。在古代一個人修禪或坐禪，是把整個生命都豁出去了，交託給祖師，這是禪修者的事業，不是嗜好。現代人去學習打坐，參加禪修的活動，無論是七天、十天、兩個星期，都是短期性的出家，他們是去體會禪的生活，感受出家人的經驗和心情，這只是一種嗜好，不是一種事業。他們的目的不是成覺悟、得解脫，只是出於一種好奇心，一大清早起床，做一些體力的勞動，清理禪室的環境，做有規律的生活作息，他們是出於好奇心才去做的。是不是這樣呢？可是在古代，看法完全不一樣，做一位出家人，做一位禪行者，是要下很大的決心、決定，這會影響一輩子，出家後不能說不喜歡又退出。出家或修禪是一件大事，離開家庭，到清淨的寺院修行，妻子兒女如何交代呢？你需要把出家視為和生命同等的大事，很認真的修行。譬如，師父提出一個公案，要徹底的想，這發出甚麼訊息，有時候想一整年都想不出答案，真會讓人到了喪身失命的危急關頭。現代人怎麼會想到，禪修會讓人有喪身失命的程度呢？這種生活方式在現代已經沒有市場、銷路了。通常出家人都是由於

在現實生活中，生活的不愉快，有太多負面因素，如失戀、事業不順等。他們出家的動機都是因為種種不如意，心灰意冷，在現實上熬不下去，就出家了。嚴格來說，出家就要一輩子伴著青燈古佛，現代人則視為是一種玩意，體會僧人的生活。有一些人出家之後，還不願剪斷頭髮，他們怎麼能夠過清淨的、單調乏味的生活，放棄世間一切感性的東西呢？

林美惠：所以說現代禪行者，比較不能接受喝棒的教導方式。

吳汝鈞：寺院不是避難所，不應該隨意收留弟子，寺院有寺院的功能，不是讓那些在事業上失意，情感上失戀，家庭上失和的人或者患有重病要找一個棲身之所，然後跑到一個寺院出家。所以正規的寺院，不應該隨意接受別人出家。現在出家人越來越少，因為社會結構變了，不一樣。年紀大了社會有養老金，不用到寺院，就可以活下去。如果在感情上出狀況，也可以另外的方法解決，家庭失和有家扶中心幫忙。在現實生活中熬不下去，不一定要出家，讓自己平靜下來。這種出家的動機不是真的要出家，是被動的。宗教事業是一輩子，要有誠意和決心，不能說有比較好的出路，就見新忘舊，不要宗教的事業。像李叔同是真的要出家，他把出家當成自己的事業、生命所繫的活動。他早年在日本待過一陣子，有娶妻生兒，日本的妻兒來找他，他不出來見他們。大概他覺得自己的世緣已經斷了，既然是斷了，就不想再接受家庭的生活。他大概也想到這一點，長痛不如短痛，兩方面都好，妻子的心斷了，他也可以專心在律宗的開拓上。如果心軟不夠硬，見面之後就被拖住了。所以李叔同是真的要出家，最親的人都不見，可見他的心對世緣很狠心的了斷了。對律宗很堅決的決心，只有大丈夫才能做到。「大丈

夫」孟子怎麼講呢？「富貴不能淫，貧賤不能移，威武不能屈，此之謂大丈夫。」對婦人不能心軟，李叔同就拿捏的很穩，是一位大丈夫。

很多年前香港有一位年青的神父，在香港某所大學教書。後來碰到一個美貌的女子，便心動起來，竟然從天主教走出來，還俗了，然後娶那女子為妻。這個人真是沒出息。

國家圖書館出版品預行編目資料

佛性偏覺與佛性圓覺：佛教判教的對話詮釋二續

吳汝鈞等著. – 初版. – 臺北市：臺灣學生，2014.10
面；公分

ISBN 978-957-15-1638-7 (平裝)

1. 佛教哲學 2. 佛教教理 3. 文集

220.1107   103018673

佛性偏覺與佛性圓覺：佛教判教的對話詮釋二續

著　作　者：吳　　汝　　鈞　　等
出　版　者：臺　灣　學　生　書　局　有　限　公　司
發　行　人：楊　　　　雲　　　　龍
發　行　所：臺　灣　學　生　書　局　有　限　公　司
　　　　　　臺北市和平東路一段七十五巷十一號
　　　　　　郵 政 劃 撥 帳 號 ： 0 0 0 2 4 6 6 8
　　　　　　電　話　：（0 2）2 3 9 2 8 1 8 5
　　　　　　傳　眞　：（0 2）2 3 9 2 8 1 0 5
　　　　　　E-mail：student.book@msa.hinet.net
　　　　　　http：//www.studentbook.com.tw
本 書 局 登
記 證 字 號：行政院新聞局局版北市業字第玖捌壹號
印　刷　所：長　欣　印　刷　企　業　社
　　　　　　新北市中和區中正路九八八巷十七號
　　　　　　電　話　：（0 2）2 2 2 6 8 8 5 3

定價：新臺幣二六○元

二　○　一　四　年　十　月　初　版

臺灣 學生書局 出版

宗教叢書